Jacobusweg Lüneburger Heide – Jakobspilgern mit Hund und 9-Euro-Ticket von Hamburg & von Lüneburg nach Kloster Mariensee

Jacobusweg Lüneburger Heide

Jakobspilgern mit Hund
und 9-Euro-Ticket
von Hamburg & von Lüneburg
nach Kloster Mariensee

Christian Hottas

Impressum

Bibliografische Information der Deutschen Nationalbibliothek: Die Deutsche Nationalbibliothek verzeichnet diese Publikation in der Deutschen Nationalbibliografie; detaillierte bibliografische Daten sind im Internet unter dnb.dnb.de abrufbar.

Um die kulturelle Vielfalt zu erhalten, gibt es in Deutschland und Österreich die gesetzliche Buchpreisbindung. Für Sie, liebe Leserin und lieber Leser, bedeutet dies, dass Ihr verlagsneues Buch überall dasselbe kostet, egal, ob Sie es im Internet, in einer großen Buchhandlung oder beim kleinen Buchhändler um die Ecke kaufen.

© 2023 Christian Hottas, 22393 Hamburg

Herstellung und Verlag: BoD – Books on Demand, Norderstedt

ISBN: 9 783755 739562

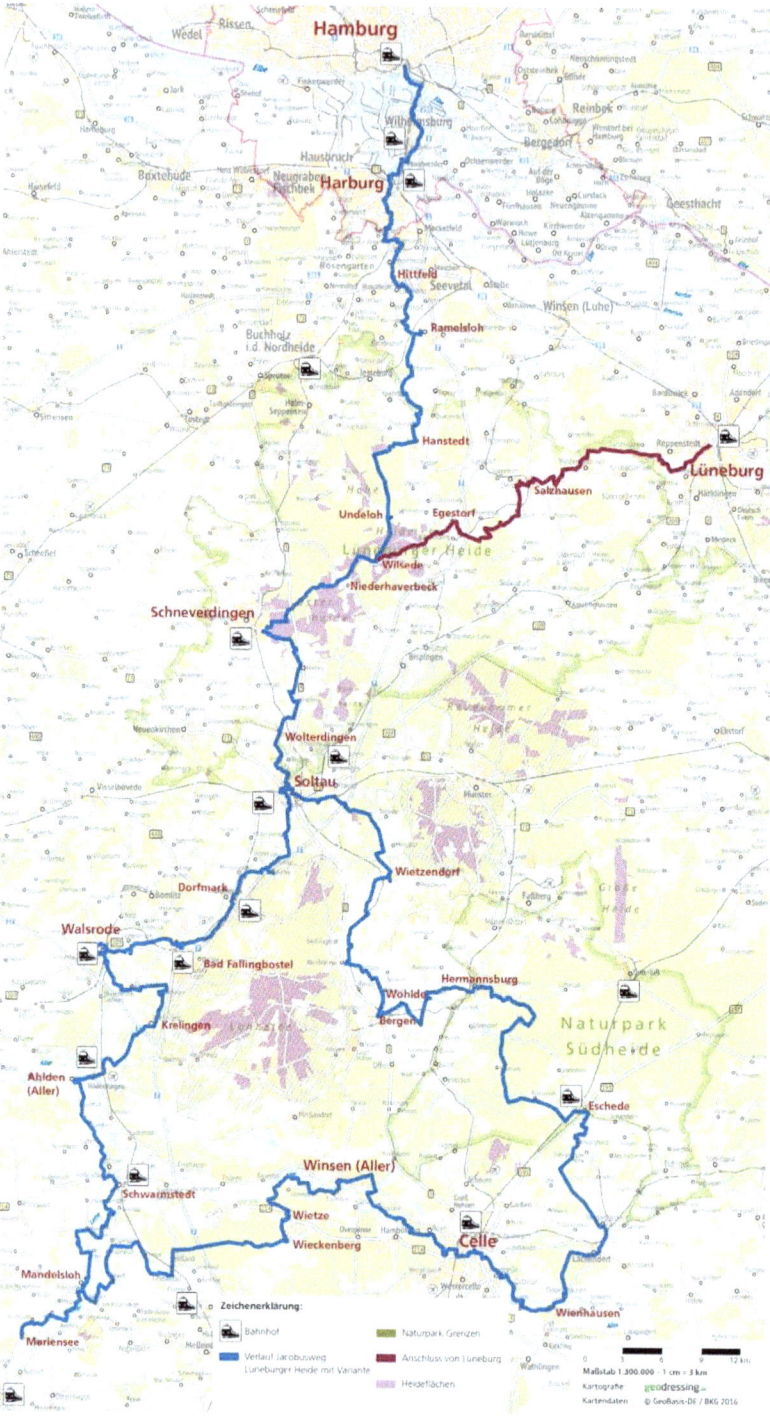

Zeichenerklärung:

Bahnhof

Verlauf Jakobusweg Lüneburger Heide mit Variante

Naturpark Grenzen

Anschluss von Lüneburg

Heideflächen

Maßstab 1:300.000 · 1 cm = 3 km

0   3   6   9   12 km

Kartografie   geodressing...

Kartendaten   © GeoBasis-DE / BKG 2016

INHALTSVERZEICHNIS

Foto nächste Seite: St. Nikolai Kirche in Lüneburg

DANKSAGUNG

Dieses Büchlein wäre nicht möglich gewesen ohne so vielfältige Unterstützung.

Mein größter Dank gilt natürlich meiner Partnerin **Christine Schroeder**, auf die ich mich stets verlassen kann und die uns auch bei diesem Weg nach Kräften unterstützt und an zwei Tagen komplett begleitet hat. Sie hat zudem diesen Text lektoriert und so manche Textpassage mit mir ausdiskutiert.

Kito, der kleine – pardon: mittelgroße (!) – Hund, war wie stets mein treuer und liebevoller Begleiter und Schutz. Ohne ihn wären meine Erlebnisse auf diesem Weg sicher weniger intensiv gewesen.

Detlef Gehring, den ich im August 2021 kennenlernte, und seinem Co-Autor **Frank Farthmann** danke ich für die präzisen Beschreibungen dieses Pilgerwegs. Ohne ihr Buch hätte ich mich sicher hier und dort „verfranst".

Ein besonderer Dank gilt auch **Rainer Dörrheide** und **Svend Peters**, den zuständigen Wegewarten der Wanderfreunde Nordheide, deren Jacobusweg-Segment von der Landesgrenze Hamburg / Niedersachsen bis Soltau hervorragend markiert ist.

Und zu guter Letzt gilt mein Dank allen netten Menschen unterwegs, die uns sonst wie unterstützt haben, die uns die Kirchen aufschlossen, die Pilgerstempel bereithielten oder einfach nur gute Tipps gaben.

PROLOG

Nach unserer Rückkehr vom Wilsnacker Pilgerweg im Juli 2021 hatten wir – meine Partnerin Christine und ich – die Idee, den gesamten Weg von unserem Zuhause in Hamburg bis nach Santiago de Compostela zu Fuß zu pilgern, und dies natürlich gemeinsam mit unserem kleinen Hund Kito.

Ursprünglich wollten wir dabei die **Via Baltica** von Hamburg-Poppenbüttel (der Jakobsweg dort ist keine 1000 Meter von unserem Zuhause entfernt) bis zur Hamburger Hauptkirche St. Jacobi und dann dem **Jacobusweg Lüneburger Heide** bis zum Kloster Mariensee am Steinhuder Meer pilgern. Von dort wollten wir dann den Pilgerweg Mariensee – Loccum, einen Nebenweg des Pilgerwegs Loccum – Volkenroda, zum Kloster Loccum gehen, dann auf dem Sigwardsweg bis Minden und von dort auf den ostwestfälischen bzw. westfälischen Jakobswegen via Bielefeld, Dortmund und Wuppertal-Beyenburg nach Köln.

Der erste Teil dieser Wegführung erwies sich jedoch – vor allem mangels erschwinglicher Pilgerunterkünfte – als ungünstig.

Daher ließen wir diese Route durch die Lüneburger Heide fallen und wählten stattdessen eine andere Streckenführung über Bremen sowie Osnabrück und Münster nach Dortmund. In Dortmund treffen sich beide Routen eh…

So gingen wir im Oktober 2021 auf der **Via Baltica** von zu Hause bis nach Wildeshausen und im Frühjahr 2022 von dort nach Osnabrück und weiter auf dem **Osnabrücker Jakobsweg** via Münster und Dortmund bis nach Herdecke/Ruhr. Diese Reise haben wir ab Ende September 2022 fortgesetzt. Da gingen wir auf dem **Osnabrücker Jakobsweg**, dem **Bergischen Jakobsweg** und der **Via Coloniensis** bis nach Trier, womit wir den deutschen Teil dieser Pilgerreise bis auf wenige Kilometer abgeschlossen hatten. Und im September und Oktober 2023 folgten weitere 555 Pilgerkilometer von Trier durch den Saargau, Lothringen, die Champagne bis ins Burgund nach Vézelay, womit wir knapp die Hälfte unseres Wegs von Zuhause bis Santiago de Compostela vollendet haben.

Noch ein paar Anmerkungen zum Jacobusweg Lüneburger Heide:

Ich habe im Sommer 2022 das vom Juli bis August angebotene 9-€-Ticket für den bundesdeutschen ÖPNV-Nahverkehr intensiv dazu genutzt, nach jeder Pilgeretappe (außer der vorletzten) abends wieder nach Hause zu fahren und dort im eigenen Bett zu übernachten. Dies haben wir beide – Kito und ich – sehr genossen. Es hat zwar teilweise eine Menge Zeit gekostet, zugleich aber sehr viel Übernachtungskosten eingespart. Und es erlaubte uns, je nach Wetter (Hitze, Regen…) und Arbeit einzelne Tage auszulassen und nur dann zu pilgern, wenn es gut in unseren Alltag passte.

Dieselbe Option gibt es aktuell (ab Mai 2023) ja auch wieder mit dem Deutschlandticket, wenngleich nun für 49 € im Monat. Ansonsten aber gelten in Niedersachsen und bei diesem Weg dieselben Regeln. Das heißt: Hunde fahren im Bereich des Hamburger Verkehrsverbunds (HVV) bis Soltau bzw. Uelzen gratis mit. Außerhalb des HVV-Bereichs werden dann jeweils Kinderfahrkarten (6-14 Jahre) fällig. Deutschlandtickets für Hunde sind nicht vorgesehen bzw. nicht möglich.

Um Pilgern, die wie ich – gelegentlich oder stets – heimfahren wollen, einen Einblick in die Überraschungen mit der Bahn-An- und Rückreise zu geben, habe ich unsere Erfahrungen ausführlich mit beschrieben.

Die Pilger, die diesen wunderschönen Weg in einem Stück und mit Vor-Ort-Übernachtungen gehen wollen, bitte ich um Nachsicht und darum, diese Passagen wohlwollend zu überschlagen.

PLANUNGSPHASE

Die Einführung des bundesweit gültigen 9-Euro-Monatstickets für den ÖPNV in den Monaten Juni bis August 2022 eröffnet mir unverhofft die Option, in dieser Zeit – mit Kito oder mit Christine und Kito – den **Jacobusweg Lüneburger Heide** zu pilgern, ohne auf die teilweise teuren Übernachtungen in Hotels und Pensionen angewiesen zu sein. Ich kann ganz einfach von den Etappenzielen mit günstiger ÖPNV-Anbindung allabendlich nach Hause fahren, dort schlafen und zum nächsten Start wieder in die Heide zurückkehren.

Und ich werde zudem nicht zwangsläufig alle Etappen unmittelbar nacheinander gehen müssen, sondern kann mir im Terminkalender meiner Arztpraxis immer wieder einzelne Tage freihalten und diese dann mit Kito pilgern.

Mir ist natürlich klar, dass diese Art zu pilgern bei vielen Jakobspilgern auf erhebliche Ablehnung stößt. Auch mir gefällt sie zunächst nicht. Aber sie ist halt ein Kompromiss und eine Chance, diesen Jacobusweg doch einmal gehen zu können, ohne meinen Etat für unser Pilgerprojekt von Hamburg nach Santiago de Compostela zu strapazieren. Und sie erweist sich auch als sehr praktisch und vorteilhaft.

Zudem empfehlen auch Detlef Gehring und Frank Fahrtmann in ihrem Pilgerwegführer, von diversen Etappenzielen aus bei Bedarf mit dem ÖPNV nach Hamburg zurückzufahren und am Folgetag neu anzureisen. Genau dazu nutze ich nun das 9-Euro-Ticket.

Nur einen kleinen Schönheitsfehler hat diese Idee: Kito kann in Niedersachsen nicht per 9-Euro-Ticket reisen! Das hat der Föderalismus verhindert! Aber er kann wenigstens im Bereich des Hamburger Verkehrs-Verbunds (HVV) – also bis einschließlich Soltau bzw. Uelzen – kostenlos mitfahren. Außerhalb des HVV muss ich also, falls wir ab hier nicht eh in einem Block unterwegs sein werden, für ihn stets eine Kinderfahrkarte lösen.

17. JUNI 2022 – TAG 1
ZUHAUSE BIS ST. JACOBI HAMBURG
(VIA BALTICA) UND WEITER BIS
ELBBRÜCKEN (JACOBUSWEG
LÜNEBURGER HEIDE)

Auch wenn der **Jacobusweg Lüneburger Heide** erst an der **Hauptkir-che Sankt Jacobi Hamburg** bzw. an der **St.** Michaelis Kirche Lüneburg seine beiden Anfangspunkte hat, so will ich trotzdem mit Kito zu Hause starten und die gut 20 Kilometer auf der **Via Baltica** bis Sankt Jacobi vor-weg pilgern.

Wie bereits am 7. Oktober 2021 beim Start unserer Pilgerreise nach Santiago de Compostela können Kito und ich diesen Wegabschnitt im wahrsten Sinne unbeschwert gehen. Für diese gut 20 Kilometer benötigen wir nur meinen kleinen Laufrucksack für die Tagesverpflegung und vor allem die notwendigen Getränkemengen. Der kleine Vier-Pfoten-Pilger ist völlig entspannt, als wir von einer seiner üblichen Gassi-Strecken in Richtung Randels Park abbiegen. Nach rund einem Kilometer haben wir den Alsterwanderweg und damit die Via Baltica erreicht.

Wir gehen zum einstigen Kanzleigut Wellingsbüttel, das zwar bereits seit rund 200 Jahren in Hamburger Privatbesitz ist, aber dennoch bis 1937 territorial zu Holstein bzw. (ab 1864) zu Preußen gehörte, und gehen hier – parallel zur Via Baltica – durchs Torhaus und am Herrenhaus vorbei.

Auf dem Alsterwanderweg ist an diesem Freitagmorgen erstaunlich viel Betrieb. Wir begegnen sehr vielen Radfahrern und Läufern. Und das sind nicht nur Rentner und Hausfrauen. Kito trifft auch viele Hunde, ist dabei aber maximal entspannt. Pilger halt…

Die Sonne scheint vom wolkenlosen Himmel, und das Thermometer steht sicher bereits deutlich über 20 °C.

Nach knapp zwei Stunden haben wir das ausgebrannte Clubhaus Oberalster erreicht und sehen hier auch unsere ersten beiden Jakobsweg-markierungen. Hinter Ohlsdorf suchen wir uns dann eine schöne Park-bank für unsere erste Rast.

Via Baltica & Alsterwanderweg zwischen Poppenbüttel und Wellingsbüttel

Kito mag ja Rituale, und so entwickeln wir ein solches **Pausenritual**: Zuerst wird die Hundeleine um die Rückenlehne der Bank geschlungen. Danach setze ich die Kamera auf der Kito abgewandten Seite ab, anschließend den Rucksack. Als erstes gibt es dann Wasser für Kito, danach Cola-Mix für mich. Danach ist das Teewurstbrötchen an der Reihe, das wir uns beide teilen. Nach jedem Bissen für mich gibt es ein kleines Stückchen für ihn. Und bevor wir aufbrechen, gibt es dann noch ein oder zwei Leckerlies als Nachtisch für Kito. Dieses Pausenritual pflegen wir dann – mit kleinen Varianten – auf unserem weiteren Weg. Kito mag das.

Kurz vor der Pause hatten wir noch ein ungeplantes spontanes Abenteuer: Auf einer großen Grünfläche treffen wir auf rund 100-150 Graugänse, die dort weiden. Als sie Kito sehen, wechseln erst langsam, dann immer zügiger, auf die zwischen unserem Weg und der Alster gelegene Fläche. Bisher hatte ich Kitos Leine stets um mein linkes Handgelenk geschlungen, hier aber ausnahmsweise einmal nicht. Und als der kleine Hund an der Leine ruckt, ist er plötzlich frei und fegt mittenmang auf die Gänse zu. Glücklicherweise funktioniert aber unser Rückruf bestens, und nur Sekunden später ist Kito wieder bei mir. So ein feiner Hund!

14

Via Baltica & Alsterwanderweg zwischen Ohlsdorf und Alsterdorf

Kurz hinter Alsterdorf sehen wir dann eine junge Polizistin, die sich auf dem Alsterfluss – barfuß, aber in voller Uniform mit Mütze und Leuchtweste – im Stand-Up-Paddling übt, während ihr Kollege am uns gegenüberliegenden Ufer zuschaut. Ich frage mich kurz, ob sich die Hamburger Polizei künftig neben Motorrad-, Fahrrad- und Reiter-Staffeln künftig auch SUP-Staffeln zulegen will. Kito hat dazu keine Meinung.

Zwischen Alsterdorfer Damm und der Rathenaubrücke ist unser Pilgerweg dann im Rahmen des „2. Bauabschnitts Barrierearme Sanierung des Alsterwanderwegs" voll gesperrt. Da weichen wir halt auf den parallel dazu führenden Gehweg der Rathenaustraße aus.

Am Fußgängerüberweg vor den Meenkwiesen sehen wir endlich wieder ein Jakobswegzeichen. Ohne Textbeschreibung oder Ortskenntnis wäre es sicherlich unmöglich, innerhalb Hamburgs den richtigen Verlauf der Via Baltica zu finden.

Im nachfolgenden Hayns Park – Restfläche des einstigen Villengartens des Hamburger Senators Max Theodor Hayn (1809-1888) – machen Kito und ich unsere zweite Rast. Auf der gegenüberliegenden Seite des Wegs direkt vor uns tummeln sich zahlreiche Junggänse. Das sieht fast wie ein Gänse-Kindergarten aus.

Anschließend überqueren wir die Brücke über die Alster sowie die Hudtwalckerstraße und gehen in den Leinpfad. Wir gehen am Anleger Winterhuder Fährhaus vorbei und sehen auf der anderen Alsterseite das Pfarrhaus und die **Kirche St. Johannis Eppendorf.**

Als wir die Krugkoppelbrücke und damit die Außenalster erreichen, biegen wir nach links ab. Von der Fernsichtbrücke aus können wir hinab auf die Eilbek schauen. Natürlich nur auf den gleichnamigen Alsterdampfer, der unter uns gerade aus dem Rondeelkanal in die Außenalster einläuft. In der Straße Bellevue machen Kito und ich – mit Blick übers Wasser zum Schulbootshaus Langer Zug – unsere dritte Rast.

Ab jetzt wird die Strecke zunehmend belebter, um nicht zu sagen: voller. Glücklicherweise hat sich der Himmel leicht bewölkt, so dass die Wärme nicht überhandnimmt.

Immer wieder sehen wir hier an der Außenalster Poster und Streckenmarkierungen des heute Nachmittag stattfindenden „Sport Scheck RUN HAM", dessen 7,5- und 15-km-Strecken hier entlangführen. Auch der 28. „hella halbmarathon Hamburg" in neun Tagen (Sonntag, 26. Juni 2022) wird die Fahrbahn neben unserem Weg als Laufstrecke nutzen.

die Eilbek, eines der Alsterschiffe

Wir verlassen die Außenalster und gehen durch die Lohmühlenstraße hinüber zur Straße Lange Reihe, der wir nach rechts folgen. Im Gegensatz zum Oktober 2021 finden wir den Abzweig über die Danziger Straße zum katholischen **St. Marien Dom** auf Anhieb. Da dort gerade eine Trauergesellschaft die Kirche verlässt, gehen wir rasch weiter. Im Haus der Caritas bekommen wir unsere Pilgerstempel.

Wir gehen nun parallel zur Langen Reihe (die uns zu voll ist) durch die Greifswalder Straße und sehen am Carl-von-Ossietzky-Platz einen hübschen kleinen Markt.

An der Baumeisterstraße stoßen wir erneut auf die Lange Reihe und damit den Pilgerweg, verlassen ihn aber bereits wenige Meter erneut, um ums Bieberhaus herum zum Heidi-Kabel-Platz zu gehen. Vielleicht treffen wir ja jemanden vom Hamburger Gabenzaun, einer seit 2017 bestehenden Initiative, die sich um Obdachlose kümmert (siehe https://www.facebook.com/HamburgerGabenzaun). Leider sind wir dafür jedoch viel zu früh. Die Zaunhelfer werden erst ab 16 Uhr hier sein.

Bevor wir weiterpilgern kaufe ich mir im Hauptbahnhof – sicher ist sicher – schon mal mein 9-Euro-Ticket für diesen Monat.

Kito ist auch im dichtesten Gedränge lieb. Er geht ganz dicht neben mir, sucht offenbar meine Nähe und meinen Schutz, hat aber genauso offensichtlich keine Angst. Er mag halt nur solch ein Gewusel nicht. Aber in diesem Punkt bin ich ganz auf seiner Linie.

Über die Spitaler Straße und den Barkhof gelangen wir rasch zu unserem ersten Ziel, der **Hauptkirche Sankt Jacobi**. Hier verlassen wir gleich die Via Baltica und wechseln auf den Jacobusweg Lüneburger Heide.

Im Eingangsbereich der Kirche bekommen Kito und ich unsere ersten Pilgerstempel für den Pilgerpass unseres neuen Wegs.

Jacobusweg Lüneburger Heide

Vom Pilgerwegweiser an der Hauptkirche St. Jacobi starten wir nun in den **Jacobusweg Lüneburger Heide.** Dieser Weg ist 2022 innerhalb der Hamburger Landesgrenzen noch nicht mit Wegweisern markiert. Die werden erst – wie ich später zufällig erfahre – 2023 angebracht.

Wir gehen zur Fußgängerampel an der Steinstraße, überqueren diese, pilgern geradeaus die Mohlenhofstraße hinab und über den Burchardplatz und nehmen Kurs aufs **Chilehaus**. Die Fischertwiete führt uns geradeaus durch das Chilehaus hindurch zum einstigen Ballinhaus und zur U-Bahn-Station Messberg. Dort steigen wir hinab und unterqueren die Willy-Brandt-Straße.

Chilehaus, Fischertwiete

Ab hier weichen wir ein wenig von Detlef Gehrings Pilgerwegbeschreibung ab, indem wir die Brücke Wandrahmsteg ignorieren und stattdessen weiter am Nordufer des Zollkanals bleiben.

Nachdem wir die Oberbaumbrücke überquert haben, zeigt mir Kito eine geeignete Bank für unsere nächste – die vierte – Rast. Die Lage ist perfekt: ruhig, mit der doppelstöckigen Oberhafenbrücke vor uns, den Deichtorhallen zur Linken, dem SPIEGEL-Haus zur Rechten. Kito mag diese Pausen und vor allem die Pausenverpflegung. Außerdem ist er durstig und trinkt einen ganzen Deckel seiner Wasserflasche leer.

Nach dieser Rast erreichen wir über die Oberhafenbrücke rasch den Lohsepark und sind damit wieder auf der beschriebenen Route.

Der **Lohsepark** ist ziemlich neu. 2010 erst geplant, wurde er am 6. Juli 2016 eingeweiht. Auf 4,4 Hektar Fläche stehen 500 Bäume aus 20

Baumarten. Dazwischen laden Rasen- und Wiesenflächen mit angenehmen Sichtachsen zum Betreten, Picknicken und Spiel ein.

Die Grünflächen werden auch sehr gut angenommen. Hier ist an diesem Freitagnachmittag sehr viel los.

In Zentrum des Lohseparks kommen wir an der **Gedenkstätte denk.mal Hannoverscher Bahnhof** vorbei. Hier wird an die mehr als 8.000 Juden, Sinti und Roma erinnert, die zwischen 1940 und 1945 vom einstigen **Gleis 2** aus deportiert wurden, meist in Arbeits- oder Vernichtungslager. Außerdem wurden rund 1.000 politische Gefangene von hier in die „Strafdivision 999" transportiert. Kaum jemand überlebte.

Der Verlauf und das Schotterbett des besagten Gleises 2 sind rekonstruiert und von Wildblumen bewachsen.

Am Südende des Parks erreichen Kito und ich die Überseeallee, die wir überqueren. Rechts sehen wir die **HafenCity Universität** und die gleichnamige Station der Linie **U 4**.

Als ich im April 2011 zum ersten Mal hier war, waren gerade die Fundamente der Universität gegossen und war die U-Bahn-Station noch im Rohbauzustand. Von der heutigen Wohnbebauung existierte kein einziges Haus. Stattdessen gab es damals nur Brachflächen sowie einige inzwischen abgerissene Lagerhäuser und Bürogebäude. Die damalige Versmannstraße lag noch deutlich tiefer als die heutige. Und den Freihafen sowie ein Zollamt an der Versmannstraße gab es 2011 auch noch.

Kito und ich gehen durch die Baakenallee, eine Straße, die es damals noch nicht gab. Bei Edeka kaufen wir uns eine Packung Eis, die wir auf einer Bank vor dem Laden mit viel Genuss verzehren.

Über den Petersenkai gelangen wir hinab zum Ende des einstigen Hafenbeckens, das sich mit seinen neuen Kaimauern ebenfalls sehr verändert hat. Wenig später – es ist inzwischen knapp 17 Uhr – haben wir die U-Bahn- und die **S-Bahn-Station Elbbrücken** erreicht.

Hier ist unser heutiges Tagesziel. Kito und ich nehmen die S 3 bis zum Hauptbahnhof und von dort die S 1 nach Poppenbüttel. Der kleine Hund genießt die Bahnfahrt, und als wir um kurz vor 18 Uhr in Poppenbüttel ankommen und er bekanntes Terrain sieht, ist er völlig aus dem Häuschen. Er hat es ziemlich eilig heimzukommen und seinen Feierabend dort in seiner gewohnten Umgebung zu verbringen.

Tagesdistanz: ca. 28 km

Gesamtdistanz: ca. 28 km

Erkenntnis des Tages: Pilgern ist wunderschön, zu Hause sein aber auch.

S-Bahnhof Elbbrücken (S 3 & S 31)

18. JUNI 2022 – TAG 2
ELBBRÜCKEN BIS SINSTORF

Tag 2 am Samstag, dem 18. Juni, unserer Pilgerreise startet mit erheblicher Verspätung. Ich finde nämlich das Akku-Ladegerät meiner Spiegelreflexkamera nicht mehr und kann daher den leeren Akku des gestrigen Tages nicht aufladen. Da muss dringend Ersatz her. Es dauert einige Zeit und ein paar Auto-Kilometer, bis ich ein neues passendes Ladegerät besitze und der leere Akku geladen wird, während wir mit dem zweiten unterwegs sind.

Die S 1 um 11:39 Uhr ab Poppenbüttel verpassen wir nur um wenige Sekunden. Kito wirkt fast ein wenig ungeduldig, während wir auf den Zug zehn Minuten später warten. Drinnen suchen wir uns im ersten Waggon dieselben Plätze, die wir auf der gestrigen Heimfahrt hatten. Der kleine Pilger-Hund legt sich ganz selbstverständlich hin, reckt und streckt sich und schläft immer wieder kurz ein, bis ihn das nächste Geräusch oder Ruckeln wieder aufweckt. Dass der Zug sich zunehmend füllt und inzwischen auch ein großer Mann neben ihm Platz genommen hat, stört ihn kein bisschen. Seine Nase liegt oft nur 2-3 cm neben diesem Fahrgast. Beim Umsteigen im Hauptbahnhof mag er dann aber lieber wieder auf meinen Arm. Dort fühlt er sich im Gewühl einfach sicherer und geborgener. Um 12:26 Uhr erreichen wir mit der S 3 den Bahnhof Elbbrücken.

Die Sonne brennt heftig vom wieder völlig wolkenlosen Himmel, und die Temperatur bewegt sich zwischen 25 und 28 °C. Das ist eindeutig nicht Kitos oder mein Wetter und bedeutet, dass wir heute nur im Schongang pilgern werden, also langsam und mit vielen Trink- und Erfrischungspausen.

Wir verlassen den S-Bahnhof, passieren das einstige Zollamt Zweibrückenstraße und gehen hinauf zu den Elbbrücken. Über sie überqueren wir die Norderelbe. Ich genieße den Blick auf die Freihafenelbbrücke und deren benachbarte Brückenbauwerke, deren Brückenbögen alle absolut gleich zueinander und auch zu „unserer" Brücke ausgerichtet sind.

Kito hat dafür keinen Sinn: Ihn stören die Fahrradfahrer, auf die er jedoch erfreulich gelassen reagiert. Vorbei am einstigen Zollamt Veddel gehen wir zur Straße Sieldeich, von der bereits nach gut 50 Metern die Wilhelmsburger Straße nach rechts abzweigt.

Hier gelangen wir zur **Immanuelkirche Veddel**, neben deren Eingang am Turm wir einen kleinen Kasten mit der Aufschrift „Pilgerstempel" finden. Der Stempel ist auch da, aber leider kein Stempelkissen. Mal sehen, ob ich es schaffe, bei Gelegenheit noch einmal hierher zu kommen und diesen Stempel nachzuholen...

Wir ziehen weiter – hoch zum Veddeler Damm, am S-Bahnhof Veddel vorbei bis zum BallinPark und zur BallinStadt, in der zwischen 1850 und 1934 Millionen Menschen vor ihrer Ausreise in die USA hier in Quarantäne waren. Direkt gegenüber der „Auswandererhallen" findet Kito eine schattige Bank zum Rasten. Er ist durstig und – wie immer - hungrig und „hilft" mir gerne beim Verzehr meines Teewurstbrötchens.

Ab hier folgen wir den Streckenmarkierungen des „2. Grünen Rings", eines 100 Kilometer langen Radwander-Rundwegs um Hamburg herum, den wir alljährlich im März (wenngleich in Gegenrichtung) in zwei 50-km-Etappen laufen bzw. marschieren.

Über die Wilhelmsburger Dove-Elbe und die Schönenfelder Straße gelangen wir bald zur historischen Windmühle „Johanna". Ihre Flügel drehen sich fleißig. An der Kirchdorfer Straße verlassen wir den nach links führenden 2. Grünen Ring, in dem wir hier nach rechts abbiegen. Dieser Straße werden wir insgesamt 1,7 Kilometer folgen.

Doch zunächst erreichen wir nach 550 Metern das Deichdenkmal „600 Jahre Eindeichung Wilhelmsburgs 1333-1933" und vor allem unsere nächste schattige Pausenbank.

Uns beiden ist das Wetter eindeutig zu warm, um schneller zu gehen. Und so stoppen wir weitere 550 Meter später an einer Tankstelle. Hier kaufe ich Eis – jeweils eines für Kito und für mich. Ich beiße seine Eisstücke für ihn ab, und er fängt sie – noch im freien Fall – geschickt auf.

Das **Amtshaus Wilhelmsburg** auf unserer linken Seite, das gerade eingezäunt ist und renoviert wird, war einst Adliges Gut im Herzogtum Holstein, gelangte dann zum Fürstentum Lüneburg. Dort hieß es interessanterweise nicht „Rittergut", sondern weiterhin „Adelicher Sitz" Stillhorn. Und unter diesem Namen wird es auch immer noch in der Matrikelliste der „Ritterschaft des Fürstentums Lüneburg" geführt.

Windmühle Johanna

Kreuzkirche Kirchdorf

24

Die 1614-1617 errichtete **Kreuzkirche Kirchdorf** ist mit ihrem größtenteils noch aus dem 17. Jahrhundert stammenden Interieur sehr sehenswert, aber bis auf wenige Stunden am Donnerstag-Nachmittag verschlossen. Heute ist aber Samstag. Da jedoch gerade eine Trauung stattgefunden hat und die Hochzeitsgesellschaft die Kirche eben erst verlassen hat, habe ich Glück. Zum ersten kann ich – wenn auch nur auf die Schnelle – das Kircheninnere besichtigen; und zum zweiten bekomme ich sogar von der Küsterin Pilgerstempel für uns beide!

Kito hat derweil artig am Zaun vor der Kirche gewartet. Gemeinsam passieren wir das bereits vor 1660 erbaute hübsche Küsterhaus und ziehen weiter zum „Grünen Zentrum" Kirchdorf, einer Parkanlage, die zum Spielen und Picknicken einlädt.

Auch wir lassen uns zu einer weiteren kurzen Pause einladen. Über die Straßen Am Callabrack, Alter Deich und Finkenriek erreichen wir dann den Friedhof Finkenriek, der eher wie ein Park als wie ein Friedhof aussieht. Unser Weg führt uns mitten hindurch.

Am König-Georg-Deich entscheiden wir uns für die empfohlene Alternativroute und biegen am Blumenladen links in den König-Georg-Weg ein. Wir erklimmen den Finkenrieker Hauptdeich, gehen ein kurzes Stück nach rechts auf der Deichkrone und steigen dann hinunter zum Strandbad Süderelbe. Das Elbwasser wirkt auf mich dreckig-trüb und wenig einladend.

Aber wir wollen ja auch gar nicht baden, sondern nur zwischen Sandstrand und Deichfuß die nachfolgenden vier Brücken unterqueren. Hinter der letzten erklimmen wir den Elbdeich wieder und haben nun das Nordportal der 1897-1899 erbauten **Alten Harburger Elbbrücke** vor uns.

Auf dieser Stahlfachwerkbrücke überqueren wir die hier 290 Meter breite Süderelbe. Während ich immer wieder fotografiere, bleibt Kito trotz der zahlreichen Fahrradfahrer sehr gelassen und legt sich einmal sogar entspannt hin.

Wir gönnen uns wenig später eine weitere kleine Pause, bevor wir ein recht unattraktives Industrieareal durchwandern. Am Veritaskai biegen wir eine Straße zu früh nach links ab – in den Schellerdamm statt in die Harburger Schlossstraße – und überqueren dann die B 73 auf einer Brücke, anstatt sie durch einen Tunnel zu unterqueren und zur Neuen Straße zu gelangen. Stattdessen gehen wir durch die Straßen Großer Schippsee und Kleiner Schippsee.

Alte Harburger Elbbrücke, Blick von Norden

Alte Harburger Elbbrücke, Südportal

Als ich an der Ecke zwischen ebendiesen beiden Straßen bei einem Obst- und Gemüsehändler, der seine Ware bis weit auf den öffentlichen Gehweg ausgebreitet hat, nach dem Weg zur Neuen Straße frage, werde ich wegen Kito extrem unfreundlich aufgefordert, „seinen" Gehweg zu verlassen und mit dem Hund schleunigst die Straßenseite zu wechseln. So etwas ist uns bisher noch nirgends passiert.

Glücklicherweise finden wir auch ohne Hilfe wieder zurück zur Route, indem wir – zwar von der anderen Seite, aber immerhin – in die Straße Sand einbiegen.

Kurz vor 17:30 Uhr sitzen wir dann vor dem **Rathaus Harburg** auf einer Bank und genießen unsere nächste Pause. Hier wird Kito, der sich den gesamten Tag über mustergültig betragen hat, ein einziges Mal kurz laut: Als fünf junge Männer etwa vier Meter von uns entfernt lauter sprechen und anfangen, sich gegenseitig zu schubsen, macht der kleine Pilger eine kurze Ansage. Und schon ist wieder Ruhe.

Am Pressehaus vorbei gelangen wir zur Bremer Straße, die wir überqueren. Die gleich dahinter liegende **St. Johanniskirche** ist leider verschlossen.

„Trauerndes Kind", Bronzestatue von 1988, St. Johanniskirche Harburg

Wir verweilen kurz an der derzeit wieder hoch aktuellen Bronzestatue „Trauerndes Kind" von 1988, ehe wir über einen ansteigenden Fußweg den Krummholzberg und damit den **Alten Friedhof Harburgs** erklimmen. Dieser 1828 geweihte Harburger Friedhof war Ende des 19. Jahrhunderts nahezu vollständig belegt, weshalb bereits ab 1892 im benachbarten Eißendorf ein neuer Friedhof angelegt wurde. Auf dem Alten Friedhof gab es dennoch weiterhin Beisetzungen, meist in Verbindung mit den in Erbpacht befindlichen Familiengräbern und Grüften. 1937 wurde er dann offiziell stillgelegt. Nachdem seine Zukunft lange Zeit ungewiss war, wurden der Alte Friedhof und mit ihm seine historischen Grabdenkmäler unter Denkmalschutz gestellt und als öffentliche Parkanlage erhalten. Mich beeindruckt die besondere Atmosphäre dieser Anlage sehr, und ich nehme mir vor, sie mir in Zukunft noch einmal ganz in Ruhe ausführlich anzuschauen.

Harburger Stadtpark

Hinter dem Gelände des Alten Friedhofs passieren Kito und ich ein Schulgelände, auf dem vor knapp 2 ½ Monaten – genauer: am 2. April – der Verpflegungspunkt 1 des 100 km Megamarschs Hamburg auf dem 2.

Grünen Ring untergebracht war. Kurz dahinter überqueren wir auf einer Brücke die B 75 und sind nun im **Harburger Stadtpark.**

Seit Anfang des Friedhofparks weisen uns übrigens endlich Wanderwegmarkierungen – die typischen gelben Pfeilspitzen mit schwarzem Rand – den Weg. Diese Markierungen setzen sich auch im Stadtpark fort und sind ungemein hilfreich. Der Weg führt hinab zum Außenmühlenteich und dann nach rechts, also im Gegenuhrzeigersinn, ufernah an diesem entlang. Im Park „steppt der Bär": Auf jeder Grünfläche tummeln sich Gruppen, die grillen und feiern. Selbst auf den Parkbänken an unserem Weg sitzen viele Menschen, hören Musik, reden, trinken…

Unsere Pilgerwegbeschreibung ist zwar sehr detailliert, aber in Anbetracht der vielen namenlosen Wege trotzdem nicht eindeutig. Ich weiß nur, dass wir irgendwo vom markierten Wanderweg abbiegen und den Park an der Straße Am Frankenberg verlassen sollen. Leider haben die abgehenden Straßen aber keine Straßenschilder. Jedenfalls erwischen wir den Parkausgang am Nymphenweg, wo uns aber eine Anwohnerin kompetent den weiteren Weg zum richtigen Parkausgang beschreibt. Den finden wir dann auch fehlerfrei. Wir treffen die ersten Male auf die Engelbek, einen Bach, der uns bis in die nächste Etappe hinein immer wieder begegnen wird. – Der weitere Streckenverlauf ist dann kein Problem.

Wir erreichen bald das Stadtteilschild von **Sinstorf** und sehen halblinks hinter einer Tankstelle die **Syrisch-Orthodoxe Kirche von Antiochien.** Sie ist sogar jetzt – nach 18 Uhr – noch geöffnet. Allerdings verlässt gerade ein Brautpaar mit seiner großen Hochzeitsgesellschaft die Kirche. Und an diesen festlich gekleideten und gestimmten Menschen will ich mich mit dem kleinen Hund nicht vorbei drängeln. Also ziehen wir weiter.

Eine Viertelstunde später – um 18:50 Uhr – erreichen Kito und ich dann unser Tagesziel, die **Sinstorfer Kirche.** Der Überlieferung nach soll die erste Kirche an diesem Standort auf den ersten Hamburger Bischof Ansgar (801-865) zurückgehen. Das ist jedoch historisch nicht belegt. Die aktuelle Bruchsteinkirche wurde vor rund 900 Jahren errichtet und ist damit eines der ältesten Hamburger Bauwerke. Die kompakt und wehrhaft auf einem Hügel gebaute Kirche wurde immer wieder auch als Fluchtkirche genutzt, wie auch archäologische Nachweise von Wehrgräben und Wällen belegen. Über die Jahrhunderte wurde sie auch diverse Male umgebaut.

Oben: Syrisch-Orthodoxe Kirche von Antiochien in Sinstorf

Sinstorfer Kirche

Jetzt am Samstagabend ist die Kirche natürlich verschlossen. Rechts des Kircheneingangs findet sich jedoch eine Plexiglasbox für Pilger. Sie enthält ein kleines Gästebuch sowie üblicherweise – statt des Pilgerstempels – kleine Aufkleber für die Pilgerpässe. Leider sind die Aufkleber aber alle.

Kito und ich pilgern weiter zum nahegelegenen Parkplatz, auf dem Christines Auto steht. Sie selbst hat es sich nach ihrem Finish beim Heide Ultra Trail über 52 Kilometer mit Start und Ziel in Schneverdingen hinten im Auto bequem gemacht und schläft tief. Kito ist völlig außer sich vor Freude, sein Frauchen so unvermutet hier zu treffen. – Gemeinsam fahren wir dann zu dritt nach Hause.

Tagesdistanz: ca. 21 km

Gesamtdistanz: ca. 49 km

Erkenntnis des Tages: Auch nach mehr als 43 Jahren hier in Hamburg gibt es noch jede Menge Orte und Ecken, die ich bislang nicht kenne – vor allem südlich der Elbe. Heute habe ich einige besonders schöne davon kennengelernt.

müder Vier-Pfoten-Pilger während der Heimfahrt in Frauchens Auto

19. JUNI 2022
PAUSENTAG ZU HAUSE
MIT ETWAS VIA BALTICA

Eigentlich wäre ich gerne auch am dritten Tag hintereinander mit dem kleinen Hund gepilgert. Am liebsten sogar zu dritt mit Christine. Andererseits hatte auch Christine diesen Tag verplant, und so ergibt sich nun also ein Pausentag, den Kito sehr genießt. Und ich kann, nachdem ich an den ersten Pilgertagen abends nur geschafft hatte, die Fotos im PC abzuspeichern, zu bearbeiten und eine Auswahl auf facebook hochzuladen, endlich auch meine frischen Pilgererinnerungen niederschreiben.

Nachmittags gehen wir zu dritt bis zur Via Baltica und zum Herrenhaus Wellingsbüttel und, kehren auf unserer üblichen Route wieder nach Hause zurück.

Morgen soll es aber weitergehen. Und nach Sinstorf wird uns sogar Christine bringen! Sie hat in den kommenden beiden Tagen eine dienstliche Veranstaltung in Soltau.

Tagesdistanz: 4,5 km

Erkenntnis des Tages: Das Gute am Pilgern mit Zuhause-Übernachtung ist die Flexibilität und die Freiheit, auch einmal einen Pausentag daheim zu genießen und zu nutzen.

20. JUNI 2022 – TAG 3
SINSTORF BIS HANSTEDT

Unser dritter Pilgertag am Montag, dem 20. Juni 2022, beginnt ungewohnt früh: Da Christine heute ja dienstlich nach Soltau muss, kann sie Kito und mich auf dem Hinweg bis Sinstorf mitnehmen. Der Haken dabei ist, dass sie schon kurz vor 9 Uhr in Soltau **sein** muss und wir somit bereits kurz vor 7 Uhr in Sasel losfahren müssen.

Um 6:55 Uhr sind wir unterwegs. Kurz nach 8 Uhr setzt Christine uns an der **Sinstorfer Kirche** ab. Doch bevor wir starten, verfrühstücken Kito und ich unseren unterwegs getätigten Bäckerei-Einkauf, und ich nutze das weiche morgendliche Sonnenlicht für diverse Fotos der Kirche sowie des gegenüberliegenden **Eichhofs**. Hier befindet sich auch das Gemeindebüro, das jedoch nur dienstags von 9-12 Uhr und freitags von 15-17 Uhr besetzt ist.

Kito neben der Sinstorfer Kirche

Gegen halb neun brechen Kito und ich auf. Wir biegen in den Beetenweg ein. 300 Meter später haben wir die Stadt- und Landesgrenze erreicht und sind jetzt in Niedersachsen. Der Weg ist – vor allem so früh am Morgen – ruhig und idyllisch.

Kito ist mit dem Angebot interessanter Gerüche an den Wegrändern beschäftigt, und ich lasse meinen Gedanken freien Lauf. Es ist so wunderschön, mit dem kleinen liebevollen, schmusigen und aufmerksamen Hund unterwegs zu sein. Wir wachsen immer mehr als Team zusammen, passen aufeinander auf, sorgen füreinander und sind eindeutig froh, einander zu haben.

Wir unterqueren die Maldfeldstraße und kurz darauf auch die A 7, hinter der unser Weg nach links abknickt und leicht ansteigt. Rechts von uns ist eine Baumschule mit Hunderten junger Bäume. An der ersten Kreuzung biegen wir nach links in den asphaltierten Mühlenweg ab. Nach 350 Metern passieren wir eine Sportanlage des TuS Fleestedt. Das irritiert mich ein wenig, habe ich doch einen ganz anderen Standort in Erinnerung.

Pilgerweg vor Fleestedt

Wir kreuzen die A 7 erneut, aber diesmal auf einer Brücke und erreichen das Ortseingangsschild **Fleestedt**s. Als wir 500 Meter später vom Mühlenweg rechts in die Straße An den Ziegelteichen abbiegen, erkenne ich diese Straße sofort wieder. Sie war 2011 und 2013 Teil der Rundstrecke des

Fleestedter 24-Stunden-Laufs, in dem Christine beide Male mit Strecken-rekord erste Frau geworden war.

Als ich kurz danach eine ältere Anwohnerin genau danach frage *„Ent-schuldigung, war diese Straße früher Teil der Laufstrecke des 24-Stunden-Laufs?"*, bekomme ich nur die Antwort: *„Wo wollen Sie hin?"*

Zu Hause recherchiere ich dann, dass der alte Sportplatz am **Höpen** 2016 geschlossen wurde und per Bebauungsplan „Fleestedt 28" mit Wohn-häusern bebaut wurde. Aber der 24-Stunden-Lauf überlebte den Umzug und fand 2017 und 2019 auch von der neuen Sportanlage aus statt. 2021 musste er wegen der Pandemie aussetzen.

im Wald vor der Christuskirche Fleestedt

Kito und ich biegen dicht am Waldrand in den in einen schönen, schma-len Waldweg ein und erreichen bald die 1999 geweihte **Christuskirche Fleestedt**. Wenige Meter hinter der **Holzfigur „Fliegender Engel"** finden wir eine nette Pausenbank und legen unsere erste Rast ein. Einen Pilger-stempel gibt es hier nicht, so erfahre ich, weil diese Kirche nur eine Filial-kirche der Hittfelder Kirchengemeinde ist und es keinen Sinn mache, an zwei Orten denselben Stempel vorzuhalten. Das sehe ich anders, muss es

aber nicht diskutieren. Schließlich hätte man auch in Fleestedt einen eigenen Kirchen(!)- statt Gemeindestempel kreieren können.

St. Mauritius Kirche Hittfeld

Unsere nächste Pause legen wir dann auf dem Gelände der **katholischen St. Ansgar Kirche** in Hittfeld ein. Hier haben wir eine schöne schattige Bank und den gesamten Bereich vor der Kirche ganz für uns. Auch diese Kirche ist verschlossen. Ein Aushang informiert die Besucher, dass die Geschäftszeiten des Gemeindebüros noch weiter heruntergefahren werden, und zwar auf „nach Vereinbarung", wobei der Telefonkontakt über das Kirchenbüro in Winsen laufen soll.

Dafür ist die auf einem Hügel rechts zwischen Bahnhofstraße und Kirchstraße stehende evangelisch-lutherische **St. Mauritius Kirche** geöffnet. Während Kito draußen auf einer Holzbank warten muss, besichtige ich sie in Ruhe. Allerdings finde ich auch bei mehrmaliger Suche leider keinen Pilgerstempel. Da im Pilgerpass die Telefonnummer des Gemeindebüros angegeben ist, rufe ich dort einfach einmal an und erfahre, dass es auch hier statt eines Stempels Aufkleber gäbe, die in irgendeinem Regal liegen müssten. Ansonsten kann ich gerne ins benachbarte Gemeindebüro kommen, was ich auch mache. Da kommt auch Kito, der während seiner Wartezeit neben der Kirche ein paar Regentropfen abbekommen hatte, gerne mit. Wir gehen also zum Gemeindebüro (Schillerplatz 4) und bekommen nach kurzer Wartezeit nicht nur unsere Stempel in die Pilgerpässe, sondern erfahren auch, dass in der letzten Zeit fünf Pilgerstempel aus der Kirche gestohlen wurden und die Gemeinde nun richtig verärgert darüber ist. Die St. Mauritiuskirche geht auf einen hölzernen Vorgängerbau aus dem 9. Jahrhundert zurück. Die steinerne Kirche datiert aus dem 11. Jahrhundert, wurde mindestens einmal erweitert und mehrfach renoviert bzw. ausgebessert. Der separat stehende hölzerne Glockenturm wurde vor 1620 errichtet. Auch das Interieur ist sehr sehenswert, so der Kronleuchter von 1620 im Altarraum und die Kanzel von 1657.

Wir verlassen Hittfeld über einige kleinere Wohnstraßen gen Süden, überqueren „zur Abwechslung" statt der A 7 jetzt die A 1 und biegen in die Straße „In der Guten Zeit" ein.

Gleich am Ortsrand von **Lindhorst** biegen wir links in eine kleine Straße ein. Sie scheint direkt auf die A 1 links zuzulaufen, kriegt dann aber doch noch die Kurve. Wir verlassen sie eh und biegen rechts in einen Feldweg ein. Es ist der erste, dem noch mehrere Feld- und kleine Wirtschaftswege folgen. Neben einem von ihnen fließt ein Bach, aus dem Kito ein wenig trinkt. Aber er mag den nassen Uferbereich nicht.

Nach längerer Suche finden wir endlich vor **Harmstorf** eine Bank für unsere nächste Pilgerpause. Kito ist durstig und hungrig. Das geht mir genauso. Danach häufen sich die Picknickstellen regelrecht.

Wir erreichen die Seevestraße und überqueren die Seeve. Links neben der Seeve liegt der FKK- und Saunaclub Harmony, dessen Grundstückumrandung hoch und blickdicht ist. Der Parkplatz ist sehr gut besucht.

Kurz darauf sehen wir bereits **Ramelsloh** mit seiner Stiftskirche und biegen nach links in den Ort ab. Was mir sehr positiv und angenehm auffällt, sind die vielen netten, kleinen Details vor den Häusern, an denen wir vorbeigehen.

Es ist genau 14 Uhr, als Kito und ich die **Stiftskirche St. Sixtus und St. Sinnitius** erreichen. Die Kirche ist offen. Wir steuern aber zunächst eine teilweise im Schatten stehende Friedhofsbank an und machen unsere nächste Pause. Kito trinkt erneut. Während ich dann die Kirche besichtige und unsere Pilgerpässe jeweils um einen schönen Stempelabdruck bereichern kann, wartet der kleine Hund, wobei er halb auf meinem Laufrucksack liegt, als wolle er diesen besonders gründlich bewachen. Die Vorgeschichte Ramelslohs und seiner Kirche beginnt im Jahr 845 mit der Flucht des Hamburger Erzbischofs Ansgar vor den Wikingern. Er rettete sich hierher und gründete mit seinen Getreuen ein klösterlich ausgerichtetes Männerstift, das bis 1850 (nach einer anderen Quelle bis 1863) bestand.

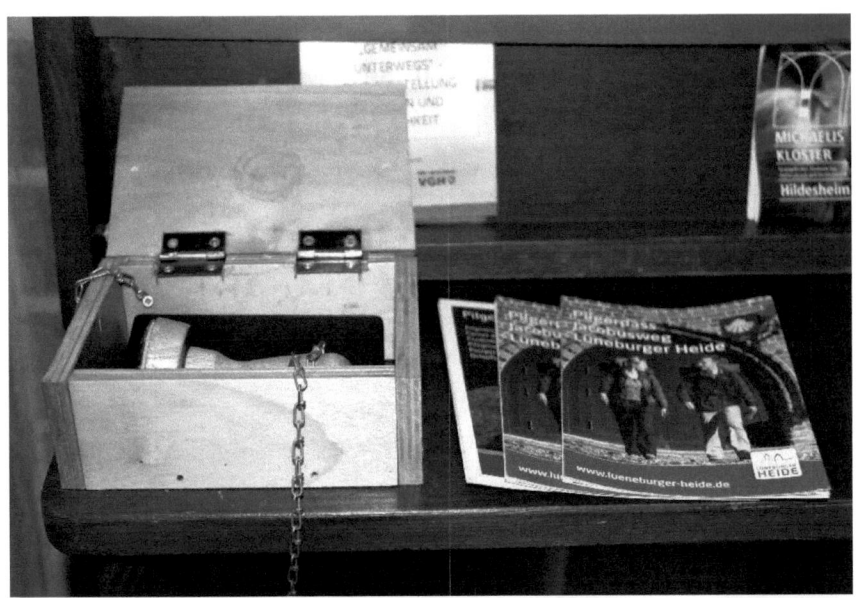

Stiftskirche St. Sixtus und St. Sinnitius

Die ursprüngliche Kirche (oder bereits ein Nachfolgebau) musste im 15. Jahrhundert einer gotischen Steinkirche weichen, von der nur noch der

Chorbereich erhalten ist. Der Rest der heutigen Kirche, das neugotische Kirchenschiff, wurde 1887-1889 erbaut. Auch hier ist die Ausstattung sehenswert und kostbar.

Jetzt haben Kito und ich ein echtes Luxus-Problem: Es ist inzwischen 14:30 Uhr, und wir haben unser Tagesziel erreicht. Die HVV-Verbindungen nach Hause, die ich herausgesucht hatte, beginnen erst in gut drei Stunden. Sollen wir so lange warten? Oder sollen wir bis zum 13,1 Kilometer entfernten Hanstedt weiterpilgern?

Kito sieht das gelassen und überlässt die Entscheidung wie meist mir. Also gut, dann pilgern wir weiter. Wir gehen wieder zurück zur Landstraße, auf der wir gekommen sind, überqueren sie und gehen geradeaus in eine Allee.

Das Terrain verändert sich nun. Es wird eindeutig welliger, damit aber auch abwechslungsreicher. Und dieser Pilgerwegabschnitt bis Hanstedt ist ganz eindeutig auch unser bislang schönster Teil dieses Jacobuswegs.

Unser nächster Ort ist **Marxen**, an dessen Hauptstraße wir sogar eine Informationstafel über diesen Jacobusweg finden. Offenbar ist die Gemeinde stolz darauf, an diesem Weg zu liegen. Wir durchqueren den Ort, in dem es einige schöne, fotogene Häuser gibt, und biegen kurz vor seinem Ende nach rechts in die Straße Zum Silberkamp ein.

Marxen

Hier wird prompt der „Pausenbank-Suchhund" einmal mehr fündig. Wir beide stillen unseren Durst und essen gemeinsam ein halbes Brötchen, halten uns aber nicht allzu lange auf.

Natürlich hatte ich mir in weiser Voraussicht auch die ÖPNV-Verbindungen von Hanstedt nach Sasel herausgesucht und aufgeschrieben. Ich erinnere eine Rückfahr-Option um 17:30 Uhr und dann jeweils stündlich. Ich glaube zwar nicht, dass wir 17:30 Uhr schaffen können, aber ich will es – ohne Hektik, aber auch ohne unnötiges Trödeln – wenigstens versuchen.

An der nächsten Sitzgruppe gabelt der Weg. Bis November 2014 verlief der Jacobusweg hier nach rechts. Jetzt aber führt er uns hier nach links. Die nachfolgenden Häuser gehören zum Weiler **Silberkamp**. Später erreichen wir dann **Schmalenfelde-Mühle**. Wir überqueren eine Landstraße und biegen sogleich wieder in einen sandigen Heideweg ein. Er führt uns durch Wald und Heide in Richtung Quarrendorf.

Fast in Sichtweite Quarrendorfs biegen wir jedoch einige Male im Zickzack-Modus ab und erreichen plötzlich einen Abzweig, den ich kenne! Er gehört zur Strecke des „**Parcours der Augenblicke**", einem 55 Kilometer langen Rundwanderweg hier in der Lüneburger Heide. Den bin ich bereits viermal gelaufen bzw. gegangen, beim letzten Mal im Mai 2021 sogar mit Christine und Kito.

Jetzt gehen wir ihn allerdings in der Gegenrichtung. Wir passieren die Suchtklinik **Hansenbarg** und tauchen ins idyllische Tal der Schmalen Aue ein. Hier verlassen wir den Parcours der Augenblicke nach rechts, was mich ein wenig irritiert. Hinzu kommt, dass wir an der nachfolgenden Straße nach links abbiegen. Aber Detlef Gehrings Wegbeschreibung ist eindeutig und präzise, und plötzlich sind wir um 17:22 Uhr in Hanstedt an der Bushaltestelle neben der Kirche!

Damit hatte ich so gar nicht gerechnet. Die Zeit reicht sogar noch für einen Kurzeinkauf beim Bäcker nebenan. Und als ich auf meine Notizen schaue und sehe, dass der Bus ja erst um 17:44 Uhr fährt, besichtigen Kito und ich auch noch die **St. Jacobi Kirche Hanstedt**. Die Pilgerstempel – einer von der Kirche, ein zweiter zum Gedenken an Martin Luther – liegen gleich im Eingangsbereich aus. Und in der Kirche erklingt schöne Orgelmusik.

St. Jacobi Kirche Hanstedt

Der Bus ist absolut pünktlich. Der Metronom RE 4 von Buchholz nach Hamburg hat nur minimale Verspätung, und so schaffen wir im Hamburger Hauptbahnhof sogar noch einen Zug der S 11, der uns fünf Minuten früher als der geplante Zug der S 1 nach Poppenbüttel bringt. Dort kommen wir um 19:20 Uhr an und machen uns auf die letzten 700 Meter Heimweg.

Tagesdistanz: ca. 31 km inkl. An- und Rückreise

Gesamtdistanz: ca. 80 km

Erkenntnis des Tages: Die Strecke durch die Heide ist wunderschön. Und das Pilgern mit dem kleinen Hund macht von Tag zu Tag und von Kilometer zu Kilometer mehr Freude.

21. JUNI 2022 – TAG 4
HANSTEDT BIS UNDELOH

Der heutige vierte Tag auf dem Jacobusweg Lüneburger Heide wird für Kito und mich eine Art Bummel- und Genusstag. Das ist jedoch weder unserem gestrigen Tagespensum geschuldet noch den heutigen hohen Temperaturen. Vielmehr endet am heutigen Dienstagnachmittag Christines Veranstaltung in Soltau, weshalb wir uns in Undeloh treffen und von dort gemeinsam heimfahren wollen.

Kito und ich brechen gegen 8:20 Uhr von Zuhause auf. Um 8:39 Uhr fährt unsere S 1, die uns zum Hauptbahnhof bringt. Von hier fahren wir mit dem Metronom RE 4 bis Buchholz und mit dem Bus 4207 weiter nach Hanstedt, wo wir pünktlich um 10:05 Uhr eintreffen. Wir beginnen den Pilgertag mit einer 45-minütigen Pause, in der ich bei Edeka und beim Bäcker einkaufe, wir gemeinsam vor dem Supermarkt frühstücken, nochmals in Ruhe die St. Jacobi Kirche besichtigen (erneut mit Orgelmusik) und uns in der Tourist-Information weitere Pilgerpässe und einige Flyer und Broschüren holen.

Um 10:50 Uhr gehen wir dann endlich los. Die Sonne scheint vom wolkenlosen Himmel, und dies bei 18 °C, die sich wie 23 °C anfühlen. Vorbei an der Tourist-Information folgen wir der Straße Am Steinberg gen Westen. Offenbar wohnen hier viele Hunde, denn Kito ist sehr damit beschäftigt, Nachrichten zu „lesen" und auch welche zu hinterlassen.

Am Ende der geschlossenen Bebauung stoßen wir auf eine Kreuzung mit einer hübsch bunt mit Schafen angemalten Sitzbank, die uns beiden sehr gefällt. Der nun unbefestigte, leicht ansteigende Henry-Gundlach-Weg ist nach einem 1884 in Tarkastad/Südafrika geborenen und 1964 in Salzhausen verstorbenen Heidemaler benannt.

Wir sehen eine Hauseinfahrt mit dem Schild „Kind No. 9", was ich mit den bei den alten Römern üblichen Nummerierungen der Kinder (Quintus, Sixtus, Septimus…) assoziiere.

Fast am Straßenende – an der Zufahrt zum Gästehaus Augustenhöh – sehr ich ein weiteres Schild, mit dem eine *„ärztlich zertifizierte Massagepraktikerin"* mit indisch klingendem Namen *„Massage für Körper, Geist und Seele"* anbietet.

Ich stutze, auch weil ich mir unter dieser Berufsbezeichnung nichts vorstellen kann. Abends lerne ich dann im Web, dass es neben den klassischen Berufsausbildungen zum „Masseur und medizinischen Bademeister" bzw. zum Physiotherapeuten, die 2 ½ - 3 Jahre dauern, diverse zwei- bis zehntägige „Alternativ-Ausbildungen" gibt. Diese Kurse kosten zwischen 290 und 750 Euro, und am Ende erhalten dann die Teilnehmer mit Heilerlaubnis – also Ärzte bzw. Heilpraktiker – ein Zertifikat zum *Massagetherapeuten* und die Teilnehmer ohne Heilerlaubnis halt eine Zertifizierung als *Massagepraktiker*. Man lernt auch beim Pilgern stets dazu.

Übrigens gehört die auf dem Schild angegebene Webseite einem Café, das bereits seit dem 2. Januar 2020 geschlossen ist. Das dazu gehörende Gästehaus schließt seinen Betrieb am 1. Oktober 2022, also in 101 Tagen.

Der Jacobusweg mündet in einen Waldpfad, der zunehmend steil an Höhe gewinnt. Kito mag solche Wege, zumal wir hier auch schön im Schatten des Waldes gehen. Mir gefällt vor allem der Kieferngeruch im oberen Teil des **Mankuhlenbergs**.

Oben erreichen wir eine Lichtung mit einem Wanderparkplatz und einer Bank- und Tisch-Gruppe, die wir zu unserer nächsten Pause nutzen. Danach folgen wir dem breiten Weseler Weg, wobei wir den rasch folgenden Abzweig nach rechts in den schmalen **Geidenstieg** zunächst verpassen, weil ich auf die im Pilgerwegführer erwähnte „hölzerne Wegsperre" fokussiert bin, die es jedoch nicht mehr gibt.

Wir gehen stattdessen diese Wegschleife am Rand der **Töps Heide** nun gleich zweimal: zunächst einmal in Gegenrichtung und dann nochmals in der richtigen Richtung.

Die Töps Heide kannte ich bislang nur aus dem Web und erlebe sie nun zum ersten Mal real. Sie liegt auf einer circa 100 Meter über NN gelegenen Hochfläche, dem *„Töps"*, ist sehr abwechslungsreich und entspricht allen Heidefoto-Klischees. Rein optisch ist dieses Heideareal eindeutig ein echtes Highlight unserer bisherigen Pilgerreise.

Töpsheide

Ab der **Geidenhütte**, einer 2006 erstellten Schutzhütte, haben wir den Wald zu unserer Linken und die Heide zu unserer Rechten.

Während ich die abwechslungsreichen Aussichten genieße, ist Kito zunehmend bestrebt, Schatten zu suchen. Je nachdem, wo er mehr davon findet, wechselt er die Wegseite. Es ist inzwischen mindestens 23 °C (subjektiv wie 27 °C) warm, und die Sonne heizt sein schwarzes Fell noch zusätzlich auf.

Insofern begeistert uns beide – wenngleich in unterschiedlicher Weise – der **historische Schafstall** direkt neben unserem Weg. Da das Tor weit offensteht, gehen wir hinein. Während ich mir die Konstruktion anschaue, genießt Kito einfach die angenehme Kühle hier drinnen.

Nach einer weiteren Schutzhütte – ebenfalls mit Hütten-Gästebuch – erreichen wir das Südwest-Ende der Heidefläche. Hier müssen wir uns entscheiden, ob wir der mit den Muschelzeichen markierten Hauptroute des Jacobuswegs folgen wollen oder der schönen, aber 4,3 Kilometer längeren Alternativroute. Da es uns für Umwege zu warm ist und wir ja auch in Undeloh ein Date mit Christine haben, gehen wir den direkten Weg und biegen hier nach links, also nach Süden, ab.

Der Jacobusweg ist ab hier ein sehr breiter befahrbarer Waldweg, der auf den nächsten mehr als fünf Kilometern – von minimalen Abweichungen abgesehen – geradeaus verläuft. Schatten ist teilweise Mangelware, weil die Sonne genau vor uns steht.

So sind wir beide über unser nächstes Déjà-vu froh. Der **Kerkstieg**, den wir am Ostersonntag gemeinsam mit Christine je dreimal von Wesel nach Hanstedt und zurück über somit 52 Kilometer gelaufen bzw. marschiert waren, mündet von links auf unseren Weg (und verlässt ihn bereits gut hundert Meter später wieder nach rechts).

Kito ist ein entspannter Pilger.

Und hier steht die 2020 errichtete **Kerkstieghütte**, die den Wanderern und Pilgern beider Wege Schutz und Schatten bietet. Uns sind vor allem der Schatten und die Gelegenheit zu einer weiteren Pilgerpause sehr willkommen. Kito ist gleichermaßen durstig wie hungrig. Er leert erstmals während dieser Reise seine Viertelliterflasche Wasser, und dies sogar schon am Mittag.

Beidseits des folgenden Wegabschnitts gibt es so manches zu entdecken, darunter einige ungewöhnlich gewachsene Bäume. Irgendwann führt unser Weg dann aus den **Hanstedter Bergen** immer mehr bergab. Als sich rechts der Wald lichtet und wir Wiesen und Felder erblicken, sind es keine 300 Meter mehr bis nach **Undeloh**. Es ist 14:55 Uhr, als wir die **St. Magdalenen Kirche** in Undeloh erreichen.

Die Christianisierung dieser Region datiert auf die Regierungszeit Karls des Großen, also um das Jahr 800 herum. Damals wurde auch das Bistum Verden gegründet, zu dem auch Undeloh gehörte. Undeloh wurde urkundlich erstmals kurz vor 1188 erwähnt, ist aber sicherlich älter. Der Ortsname wird auf die langobardischen Wortbestandteile *unda* = Quelle und *loh* = Rodung / Lichtung zurückgeführt und beschreibt die Ortslage an der Quelle des Radebaches. Die Kirche wurde kurz vor 1200 aus Feldsteinen errichtet. Eine Urkunde des Verdener Bischofs von 1244 bezeichnet sie als

51

selbständige Pfarrkirche. Neun Jahre nach Einführung der Reformation, aber wohl ohne Kausalzusammenhang, stürzt 1639 der Altarbereich der Kirche ein. Er wird 1641 bis 1644 als Fachwerkbau neu aufgebaut. Aus dem Jahr 1644 stammt auch die bis heute erhaltene Kanzel, während der Altaraufsatz zwölf Jahre jünger ist.

St. Magdalenen Kirche Undeloh: Der alte Teil ist gemauert, der jüngere Fachwerk.

Beeindruckend finde ich das **große hölzerne Kruzifix** an der nördlichen Längswand, das mich an das Triumphkreuz von 1230 im Osnabrücker Dom und das etwas jüngere Triumphkreuz in der St. Marien Kirche in Osnabrück erinnert. Das große Undeloher Holzkreuz entspricht – so lese ich nach – vom Stil und der Darstellungsart dem 10. und 11. Jahrhundert, wobei die Art des Leinentuchs auf die Zeit kurz nach 1200 hindeutet. Das passt ganz gut zu meiner Schätzung.

Kito macht es sich bequem und genießt sichtlich den Schatten und die Kühle, während ich die Kirche erkunde. Wir sind allein. Alles ist still und friedlich. Als dann jedoch ein Paar im Fahrradoutfit kommt und Kito anschlägt, verlassen wir die Kirche wieder.

Da ich in der Kirche keinen Pilgerstempel gefunden habe, machen wir uns auf den Weg zur Tourist-Information, die laut Pilgerwegführer ab 15

Uhr geöffnet sein sollte. Leider haben sich aber die Öffnungszeiten inzwischen geändert, und sie ist seit 13 Uhr zu. Bei einem zweiten Kirchenbesuch finde ich dann das Stempelkissen, aber immer noch keinen Stempel.

Wir besichtigen noch in Ruhe den vor gut 30 Jahren geschlossenen alten Friedhof neben der Kirche und gehen dann die Wilseder Straße entlang bis zum **Dorfteich**. Dort lassen wir uns im schattigen Gras nieder und warten auf Christine. Als sie gegen 16:10 Uhr vorfährt, besuchen wir – nun zu dritt – die Kirche ein weiteres Mal. Und jetzt finden wir auch den Pilgerstempel, der nirgendwo **liegt**, sondern an einem Band **hängt**. So bekommen wir im dritten Anlauf doch noch unsere Stempel in die Pilgerpässe. Mit Christine fahren wir anschließend nach Hanstedt, essen dort Eis und fahren über Ramelsloh nach Hause.

Vorerst ist nun Pilgerpause angesagt: In den nächsten Tagen hat uns der Alltag wieder, und am Wochenende steht der 52. Haervejsmarchen in Viborg mit zweimal 45 Kilometern auf der Agenda.

Tagesdistanz: ca. 13 km

Gesamtdistanz: ca. 93 km

Erkenntnis des Tages: Aller guten Dinge sind oftmals drei – auch bei der Suche nach dem Pilgerstempel in einer alten Heidekirche.

28. JUNI 2022 – 1. VERSUCH TAG 5 UNDELOH BIS SCHNEVERDINGEN

Nach sechs Tagen Pilgerpause – vier Arbeitstagen in der Praxis und zwei Tagen beim 52. Haervejsmarchen in Viborg (Dänemark) – wollen Kito und ich heute endlich wieder in der Lüneburger Heide weiterpilgern.

Die Wetterprognose verspricht maximal 24 °C, dazu sonnigen bis bedeckten Himmel und zum Etappen-Ende ein moderates Risiko für leichten Sommerregen.

Die Fahrplanauskunft des Hamburger Verkehrsverbunds (HVV) bietet eine Verbindung mit der S 1 von Poppenbüttel um 10:39 Uhr zum Hauptbahnhof (11:07 Uhr) an, dann die Weiterfahrt von dort mit dem Metronom RE 4 um 11:15 Uhr, Ankunft in Buchholz um 11:37 Uhr mit Anschluss dort zum Bus 4631 um 11:48 Uhr nach Undeloh. Dann wären wir um 12:32 Uhr in Undeloh. Eine frühere Verbindung gibt es nicht.

Die S 1 schaffen wir locker und kommen auch pünktlich am Hauptbahnhof an. Kito ist – wie es sich für einen Vier-Pfoten-Pilger gehört – lieb und entspannt.

Als wir jedoch Gleis 13 A-C erreichen, informiert uns die Anzeige dort, dass der Metronom RE 4 zirka zehn Minuten Verspätung habt. Bei nur elf Minuten Zeit zum Umsteigen über rund 300 Meter verspricht dies, sportlich zu werden.

Na gut, dann schauen wir mal und warten es ab…

Zehn Minuten später hat sich die Verspätung bereits auf 20 und kurz darauf sogar auf 25 Minuten gesteigert.

Um 11:37 Uhr fährt die RB 41 ein, die Buchholz planmäßig um 12:04 Uhr erreichen soll. Und von unserem RE 4 ist immer noch nichts zu sehen.

Das ist definitiv chancenlos. Und so brechen Kito und ich diesen Pilgertag ab, bevor er wirklich begonnen hat und fahren – nolens, volens – wieder nach Hause zurück.

Übrigens hatte ich vorgestern am zweiten Tag in Viborg einen deutschen Teilnehmer aus Sottrum (zwischen Hamburg und Bremen) getroffen, der derzeit auch von Hamburg aus abschnittsweise nach Santiago der Compostela pilgert und aktuell seinen Frankreich-Teil begonnen hat. Und auch er ist bereits den Jacobusweg Lüneburger Heide gegangen, und zwar mit einem Freund und ebenfalls mit abendlichen Heimfahrten per Bahn oder Auto. Im Prinzip also im selben Stil, wie Kito und ich derzeit unterwegs sind, nur halt nicht mit 9-Euro-Tickets, weil es die ja noch nicht gab, sondern per Niedersachsen-Ticket.

Tagesdistanz: ca. 3 km vergebliche An- und Rückreise

Gesamtdistanz: ca. 96 km

Erkenntnis des Tages: Beim nächsten Anlauf sollten wir sicherheitshalber eine Stunde mehr für den Metronom einplanen.

Heideweg zwischen Undeloh und Wilsede

30. JUNI 2022 – TAG 5
UNDELOH BIS SCHNEVERDINGEN

Zwei Tage nach unserem ersten misslungenen Versuch, zum Etappen-start nach Undeloh zu kommen, wagen Kito und ich einen zweiten Anlauf. Diesmal nehmen wir statt der S 1 um 10:39 Uhr bereits die um 9:39 Uhr. Das bewährt sich insofern, als der Metronom RB 41 vom Hauptbahnhof nach Buchholz um 10:15 Uhr nur wenige Minuten Verspätung hat und uns daher nun in **Buchholz** bis zur Abfahrt des Busses 4631 eine gute Stunde Zeit bleibt. In dieser Pause kaufe ich zunächst – am Ticket-Schalter im Bahnhof Buchholz (nicht am Automaten!) – mein 9-Euro-Ticket für Juli 2022 und dann beim Bäcker Brötchen für Kito und mich.

Da der Bus 4631 übrigens nicht (wie der 4207 nach Hanstedt) vom Bahn-hofsvorplatz, sondern vom ZOB abfährt, hätten wir das Umsteigen vor-gestern wohl selbst bei pünktlichen Verbindungen wohl nur äußerst knapp geschafft. Heute aber ist das keine Herausforderung. Wir nutzen einen Sitzplatz im Schatten, schmieren unsere drei Brötchen (Teewurst und Messer habe ich im Rucksack mitgebracht) und teilen uns eines davon auch sogleich.

Der Bus kommt nahezu pünktlich und fährt mit zwei Minuten Ver-spätung ab. Kito hat sich wie neulich auf der Fahrt nach Hanstedt den Platz direkt hinter dem Fahrer ausgesucht und döst entspannt vor sich hin, während ich auf dem Display des Fahrers die Haltestellen und deren vor-gesehene Zeiten abgleichen kann. Merkwürdigerweise absolviert unser Bus – warum auch immer – seine Route Buchholz nach Egestorf und zu-rück in umgekehrter Richtung, so dass wir zunächst nach Egestorf und erst danach auf dem Rückweg nach **Undeloh** fahren. Dort kommen wir statt um 12:23 Uhr erst um 12:59 Uhr an.

Immerhin reicht es, um gerade eben noch in der schräg gegenüber lie-genden Tourist-Info ein paar Broschüren und eine Wanderkarte zu be-kommen. Nachdem Kito noch etwas Wasser getrunken hat, brechen wir gegen 13:10 Uhr auf.

Wir gehen zunächst einen kleinen Umweg, um nochmals an der die **St. Magdalenen Kirche** vorbei zu kommen. Vor ihr biegen wir in die Wilseder Straße ab, der wir bis weit in die Heide hinein sehr lange folgen werden.

Wir passieren – jeweils zu unserer Linken – den Dorfteich, neben dem wir neulich auf Christine warteten, den Undeloher Hof sowie das Heide-Erlebnis-Zentrum. Am Ortsausgang wechselt der Straßenbelag von Asphalt zu altem Kopfsteinpflaster. In unserer Blickrichtung gibt es rechts der Straße einen Fuß- und Radweg sowie links der Straße einen Kutschenweg. Auf letzterem kommt uns auch prompt eine gut besetzte Pferdekutsche entgegen. Sie wirbelt ein wenig Staub auf, der aber nicht bis zu uns herüber weht.

Es ist ziemlich warm, um nicht zu sagen: heiß. Bereits in Buchholz zeigte ein Thermometer 24 °C im Schatten an. Inzwischen sind es 27-28 °C, die sich wie 33 °C anfühlen. Kito und ich bleiben, wo immer es geht, im Schatten und schleichen eher den Pilgerweg entlang. Außerdem gibt es jede Menge schöne Fotomotive, die unser Tempo weiter ausbremsen, so dass wir bis **Wilsede** rund 70 Minuten benötigen.

Wir finden rasch den vor einigen Jahren restaurierten Erdkeller, der als Andachtsraum und zugleich als Stempelstelle unseres Pilgerwegs dient. Über dem Eingangstor ist eine hübsche große Jakobusfigur zu sehen. Obgleich er *„von Ostern bis Ende Oktober täglich geöffnet von 10-16 Uhr"* sein soll, ist er zu. Wir fragen die Nachbarn und werden zum Museumsladen geschickt. Auch hier wimmelt man uns ab. Stattdessen lassen wir dann in der Milchhalle den Heidschnuckenweg-Stempel geben.

Wilsede, ehemaliger Erdkeller, jetzt Andachtsraum und Stempelstelle

Aussicht vom Wilseder Berg gen Süden / oben: Gipfelstein des Wilseder Bergs

Wir teilen uns noch zwei Eis und trinken beide noch einmal reichlich, ehe wir uns auf den flach ansteigenden Weg zum **Wilseder Berg** machen.

Auf diesem mit 169 m NN höchsten Gipfel der norddeutschen Tiefebene war ich in den letzten Jahren mindestens 20mal, wobei ich elfmal davon von dieser Seite her „aufstieg". Kito war im Juni 2021 – damals war das ähnlich heiß wie heute – auch schon einmal hier.

Die Aussicht ist grandios, klar und weit, und die Farben, die die Heide uns bietet, begeistern mich und kommen selbst auf den Fotos sehr gut zur Geltung. Der Hitze wegen verweilen wir aber nur kurz für eine Trinkpause und steigen dann rasch auf der steilen „Südwest-Route" wieder hinab ins Heidetal.

Hier halten wir uns rechts und überqueren das erste von drei Malen die **Haverbeeke**, einen hübschen Heidebach. Wir folgen nun dem breiten Weg nach links und erreichen bald – rechts hinter Büschen idyllisch gelegen – das bereits zu **Niederhaverbeck** gehörende **Hotel Landhaus Eickhof**. Hier tagt, so verrät mein schlauer Pilgerführer, jeweils am ersten Freitag im Monat von 18:00 bis 20:30 Uhr ein Pilgerstammtisch mit Frank Farthmann. Außerdem heißt es im Pilgerführer auch noch: „*Pilgerpässe werden hier abgestempelt.*" Kito und ich biegen also ab und erreichen das Landhaus. Hier herrscht himmlische Ruhe. Ein junger Mann sieht uns und eilt sogleich mit einem großen Wassernapf für Kito herbei. Als ich ihn wegen der Pilgerstempel frage, ist er ein wenig irritiert, stempelt dann aber sehr bereitwillig unsere Pilgerpässe ab. Er selbst plant, im Herbst dieses Jahres den Caminho Portugues zu pilgern. Ich erfahre außerdem, dass **Hunde hier im Restaurant und Hotel sehr willkommen** sind und es **für Pilger einen Rabatt bei Zimmerbuchungen** gibt. Für heute nutzt uns dies noch nichts, aber vielleicht einmal in der Zukunft.

Wir passieren das Haus der Naturinformation, das Landhaus Haverbekhof und den Dorfteich und überqueren die Haverbeeke ein zweites Mal. Nun folgen wir ihrem linken Ufer. Ich biete Kito mehrmals an, aus der Haverbeeke zu trinken, aber er ziert sich und trinkt lieber aus dem roten Deckel seiner Wasserflasche.

Diesen Wegabschnitt liebe ich sehr und genieße ihn entsprechend. Als wir die Haverbeeke ein drittes und letztes Mal überqueren, bin ich ziemlich überrascht: Der Haverbeeke-Holzsteg, eines meiner Lieblings-Fotomotive, existiert nicht mehr. Der Bachübergang wurde irgendwann in den letzten zwölf Monaten neugestaltet.

Wir halten uns links und nehmen Kurs auf den 2,4 Kilometer langen Spitzbubenweg, einen schönen, schmalen Single-Trail durch Blaubeerbüsche und einen Wald mit Kiefern, Eichen und Birken. Kito mag Blaubeeren. Ansonsten hält er sich – wie schon im Juni 2021 – hier sehr dicht an meinem linken Bein, was er auch später in der offenen Heide beibehält.

Wir überqueren die B 3 und erreichen bald darauf den Silvestersee. Hier wollte ich Kito ein wenig ins Wasser locken. Aber wie schon 2021 ist ein anderer Hund mit seinen beiden Menschen dort und lenkt Kito zu sehr ab. Diesmal ist es Nala, eine fünf Monate junge Mischlingshündin aus dem rumänischen Tierschutz, die durchaus optische Ähnlichkeiten mit Kito hat. Sie ist sehr neugierig und verspielt. Und Kito ist sehr lieb und spielt mit, während ich mit Nalas Besitzern, einem jungen Pärchen, klöne.

Wir wollen aber nicht allzu viel Zeit vertrödeln und ziehen nach ein paar Minuten weiter. Bereits kurz hinter Niederhaverbeck hatte ich die Zeit kurz überschlagen und festgestellt, dass – teils wegen des verspäteten Starts in Undeloh, teils wegen unseres Schleichgangs während der Haupthitze – der Heide-Sprinter um 18:17 Uhr ab Schneverdingen nicht zu erreichen war, der eine Stunde später aber durchaus gut, wenn wir nicht irgendwo völlig versacken.

Wir durchqueren also die **Osterheide** und halten direkten Kurs auf **Schneverdingen**. Die Sonne ist wieder hinter den Wolken, hinter denen sie sich eine Zeitlang versteckt hatte, zum Vorschein gekommen. Es ist immer noch warm, aber deutlich erträglicher und nicht mehr unangenehm heiß. Das sieht auch Kito so. Ihm scheint es nach wie vor gut zu gehen, und er geht jetzt wieder gerne vorweg.

Wir erreichen die **Eine-Welt-Kirche**. Sie ist unser eigentliches Tagesetappenziel, eine offene Kirche und unsere hiesige Stempelstelle. Leider ist sie nur von 10-12 und 15-17 Uhr geöffnet, und jetzt ist es bereits 18:40 Uhr. Also werden wir sie erst zum Beginn unserer nächsten Etappe besichtigen und unsere Pässe hier stempeln können.

Auf dem etwa einen Kilometer langen Weg zum Bahnhof Schneverdingen kommen wir am Restaurant & Hotel Ramster vorbei, dessen Inhaber und Chef wir kennen. Er steht gerade vor dem Haus, und so biegen wir zu einem kurzen Plausch zu ihm ab.

Um kurz vor 19 Uhr erreichen wir dann Gleis 2 des Bahnhofs und erleben eine bizarre Überraschung: Auf dem Bahnsteig stehen viele Menschen, die jedoch nicht auf den 19:17-Uhr-Zug warten, sondern alle noch auf den 18:17-Uhr-Zug.

Dieser läuft dann tatsächlich um 19:10 Uhr, also mit 53 Minuten Verspätung, ein. Der letzte Wagen des Zuges ist nicht ganz so voll wie die ersten, und wir erwischen sogar tatsächlich noch einen letzten Sitzplatz. Allerdings sind unsere Sitznachbarn teils irritiert, teils verängstigt, als ich mit Kito auf dem Arm ankomme und mich zu ihnen setze. Aber der kleine Hund ist einfach nur glücklich und zufrieden, dass es jetzt endlich heimwärts geht. Anfangs sitzt er noch auf meinen Beinen, legt sich dann aber zwischen meinen Füßen auf den Boden und schläft.

Die 22 Minuten in Buchholz bis zu unserem Anschlusszug nutzen wir, um uns ein ruhiges Plätzchen zu suchen, unser letztes Brötchen gemeinsam zu essen und Kito mit ein paar Kaustangen und getrockneten Entenbruststücken zu verwöhnen und zu belohnen. Im Metronom RB 41, der pünktlich einläuft und ebenso pünktlich in Hamburg ankommt, ist Platz genug, ebenso in der S 1, die uns um 21:05 Uhr in Poppenbüttel entlässt.

Ab hier kennt Kito den Weg nach Hause mehr als gut. Hier und dort „liest" er noch ein paar „Hundenachrichten" und beantwortet einige davon, aber ansonsten will er so schnell wie möglich nach Hause zu Frauchen und zu seinem Futter. Dort angekommen, zeigt er sich frisch und munter, hat also die sommerlichen Temperaturen in der Heide problemlos weggesteckt.

Tagesdistanz: ca. 20,4 km + 3,6 km An- und Rückreise = ca. 24 km

Gesamtdistanz: ca. 120 km

Erkenntnis des Tages: Den 19:17-Uhr-Zug in Schneverdingen haben wir nicht gekriegt, dafür aber den verspäteten 18:17-Uhr-Zug. Stress lohnt sich also wirklich nicht. Wir haben halt alles geschehen lassen, wie es kam. Und es war – trotz Hitze – ein weiterer super-schöner Pilgertag in der Heide mit dem kleinen Hund.

2. JULI 2022 – TAG 6
SCHNEVERDINGEN BIS SOLTAU

Unser sechster Pilgertag am Samstag, dem 2. Juli 2022, ist für uns beide besonders schön! Der kleine Vier-Pfoten-Pilger hat es irgendwie geschafft, sein Frauchen zum Mitpilgern zu „überreden". Da Christine uns beide aber im Gegenzug überzeugt, dass die Züge in die Heide an diesem sommerlich warmen und sonnigen Samstag übervoll sein würden, akzeptieren wir ihren Wunsch, mit ihrem Auto nach Schneverdingen hin- und zurückzufahren. Die Autobahn A 7 ist erfreulich leer, und so kommen wir ohne Stress gegen elf Uhr an der **Eine-Welt-Kirche** in **Schneverdingen** an.

Eine-Welt-Kirche Schneverdingen

Diese ganz junge Kirche wurde 1999 als Außenprojekt der „EXPO 2000" Hannover in Holzbauweise errichtet. Ideengeber war Pastor Paul Dalby. Das tragende Balkenwerk besteht aus Fichtenholz mit Stahlverspannungen. Wände und Dach wurde außen mit Eichenholz und innen mit Kiefernholz verkleidet. Zwischen beiden Wandschichten gibt es eine Wärmedämmung und eine Feuchtigkeitssperre. Die grau erscheinende

Turmspitze besteht aus Fichtenstämmen. Das Holz stammt aus notwendigen Durchforstungen in heimischen Wäldern: die Kiefer aus dem Forstamt Sellhorn (bei Hanstedt, Heidekreis), die Eiche aus dem Forstamt Harsefeld (Landkreis Stade), beides Orte, die wir vom Pilgern her kennen. Die rund 600 Kubikmeter Holz wurden in Sägewerken und Zimmereien der Region verarbeitet.

Hauptattraktion der Eine-Welt-Kirche ist jedoch der **Eine-Erde-Altar**, ein Flügelaltar mit Sand- und Erdproben aus der gesamten Welt. Die Proben befinden sich jeweils in sogenannten **Erdbüchern**, Plexiglasbehältern in Buchform. Sie sind systematisch nummeriert. Ihre Herkunft und Spender sind unter https://www.one-earth-altar.net/booksearchintro.php3?lang=ger einzusehen. Die Kirche ist erwartungsgemäß offen, und wir treffen die Küsterin, die uns nicht nur die Pilgerpässe stempelt, sondern auch viele Informationen zur Kirche und den Erdbüchern gibt.

Eine-Erde-Altar in der Eine-Welt-Kirche Schneverdingen

Wir verlassen Schneverdingen und pilgern hinaus in die **Osterheide**. Die Sonne scheint, und die Temperaturen steigen so langsam, aber sicher von anfangs 24 °C auf gut 27 °C, wobei es in der Sonne sicherlich noch 5-7 °C wärmer ist als bei diesen Schatten-Angaben.

Kito ist happy, dass heute auch Christine mit dabei ist. Er wälzt sich ausgelassen im Heidekraut und genießt die Vielfalt an Gerüchen hier in der Heide. Christine kennt diesen Wegabschnitt ab dem Pferdekutschen-Parkplatz, den wir gleich am Anfang der Osterheide passieren, bestens. Hier lief sie am 18. Juni, Kitos und meinem zweiten Pilgertag, im Rahmen des „Heide-Ultra-Trails" entlang. Den bin ich auch bereits mindestens viermal gelaufen. Außerdem ist unser heutiger Pilgerwegabschnitt – sogar bis kurz vor Soltau – mit dem Freudenthalweg identisch, einem der ältesten Heide-Wanderwege, dessen 157 Kilometer wir im Juni 2018 in drei Tagesetappen in voller Länge liefen. Die Osterheide ist bei diesem Sonnenschein wunderschön, und genauso kommen auch die Farben in meinen zahlreichen Fotos zur Geltung.

kleine Rast in der Osterheide

Auf Holzbohlen durchqueren wir das **Möhrer Moor** und erreichen den **Hof Möhr**, der seit 1982 Hauptsitz der Alfred Toepfer Akademie für Naturschutz ist. Hier machen wir an einigen Holztischen und -bänken unsere erste Rast und geben Kito (wie schon vor dem Start in Schneverdingen) zu trinken. Der kleine Kerl ist bei dieser Wärme wieder einmal so richtig durstig. Beim Weitergehen sehen wir, dass die abgelegte Baggerschaufel am

Waldrand links, in der wir 2018 einen unserer Verpflegungspunkte versteckt hatten, immer noch so daliegt wie vor vier Jahren.

Unser Pilgerweg ist weiterhin mit dem Verlauf des Freudenthalwegs identisch. Sowohl unsere Muschelzeichen als auch die weißen „F"-Markierungen sind hervorragend zu sehen, und so haben wir keinerlei Schwierigkeiten, unseren Weg zu finden. Bei dieser Gelegenheit sei den Wegewarten der Wanderfreunde Nordheide, Rainer Dörrheide und Svend Peters, für ihre erstklassige Markierungsarbeit auf dem Jacobusweg von der Landesgrenze Hamburgs bis nach Soltau gedankt.

Wegabschnitt zwischen Hof Möhr und Heber

In **Heber**, dem nächsten Ort, den wir bald darauf erreichen, legen wir erst einmal einen Stopp bei Lahde's Hofladen ein. Hier gibt es nämlich die Pilgerstempel für die schräg gegenüber liegende **Friedenskirche Heber**. Die Friedenskirche ist offen, und so treten wir zu dritt ein. Diese erste Kirche dieses Heideortes wurde im Dezember 1956 eingeweiht. Ihre Grundsteinlegung war übrigens in meinem Geburtsmonat gewesen.

Wir verlassen Heber über die Lindenallee und haben nun auf den nächsten Kilometern jede Menge „Gegend" vor uns: Felder und Wiesen wechseln mit kleineren und größeren Waldflächen. Dazwischen gibt es nur vereinzelt Höfe oder Häusergruppen. Dieser Streckenabschnitt ist unspektakulär, aber durchaus hübsch und gut zu gehen. Christine und ich mögen nämlich diese langen, asphaltierten, aber sehr verkehrsarmen Wege. Unterwegs sehen wir auch – wie von mir kurz vorher bereits angekündigt – direkt am Weg neben einer Scheune ein kleines, altes Backhaus. Was wir nicht sehen, aber gerne wieder einmal gerne sähen, ist ein hübscher schattiger Picknickplatz für unsere nächste Pause. Wir sind nämlich nicht nur durstig, sondern auch hungrig und würden gerne unsere im Rucksack mitgeschleppten Brötchen und Äpfel verspeisen.

In Wolterdingen gehen wir über den Jordan.

In **Wolterdingen**, unserem nächsten Ort, gehen wir indessen erst einmal über den **Jordan** – so heißt der winzige Bach quer zu unserem Weg – und finden dann direkt vor der **Heilig-Geist-Kirche** endlich eine hübsche Bank im Schatten.

In der Kirche ist gerade Gottesdienst, und zwar finden – wie sich später herausstellte – gleich zwei Taufen statt! Wir haben es nicht allzu eilig und picknicken in Ruhe, bis die beiden Taufgesellschaften gemeinsam die hübsche, alte Kirche verlassen.

Die Heilig-Geist-Kirche wurde 1394 erstmals urkundlich erwähnt. Der Pastor selbst stempelt unsere Pilgerpässe und gibt mir einige Erläuterungen zum Interieur. Hauptsehenswürdigkeiten sind die elf Holzfiguren aus dem 13./14. Jahrhundert, die bis 1970 einzeln in der Kirche aufgestellt waren, seitdem jedoch in einem sehr schön geschnitzten Flügelalter als Gruppe zu bestaunen sind. Die Figur mit dem Pilgerstab rechts oben könnte Jakobus sein.

Altar der Heilig-Geist-Kirche in Wolterdingen

Wir brechen wieder auf und durchqueren weitere „Gegend". Auch hier brennt weiterhin die Sonne und wünschen wir uns immer wieder mehr Schatten, vor allem für Kito.

Nach rund drei Kilometern biegt der Weg nach rechts ab, und wir erreichen das **Ahlftener Flatt**, einen in der letzten Eiszeit entstandenen flachen, nährstoffarmen See, dessen spezifische Flora unter besonderem Schutz steht.

In einer Parklandschaft stoßen wir auf einen weiteren kleinen See, bei dem wir Kito dazu bringen können, endlich einmal nicht aus unserer Hand oder irgendwelchen Schalen, sondern selbständig aus der Natur zu trinken.

Wir überqueren die Böhme auf einem Holzsteg, gehen eine ganze Zeitlang zwischen ihr und dem Gelände der Soltauer Therme entlang und dann im Zickzack durch einen Park, bis wir endlich auf die Wilhelmstraße stoßen. Diese Stelle kennen wir gut: Hier befand sich einst der Start des „Heidschnucken Ultramarathons".

In der Marktstraße – in **Soltau**s Fußgängerzone – hatte mir 2018 unsere Freundin Inka ein Eis spendiert. Jetzt spendiere ich Christine eines, woraufhin sie verspricht, demnächst Inka eins zu spendieren, damit sich der Kreis schließt. Durch die Feldstraße gehen wir zum **Bahnhof Soltau (Han)**. Unser Zug um 18:01 Uhr soll vom Gleis 7 abfahren und scheint sogar pünktlich zu sein.

Unser Zug hat dann doch acht Minuten Verspätung, aber das stört uns nicht weiter. 16 Minuten später sind wir in Schneverdingen und weitere etwa 800 Meter weiter bei unserem Auto.

Vor der Heimfahrt lade ich Christine noch zu einem Besuch bei den „Pizzabuben" ein, und sie spendiert zum Nachtisch in der Eisdiele nebenan noch ein leckeres Eis. Um 21 Uhr sind wir wieder daheim.

Tagesdistanz: ca. 22,5 km + 2,5 km An- und Rückreise = ca. 25 km

Gesamtdistanz: ca. 145 km

Erkenntnis des Tages: Tages-Pilgern zu dritt ist eindeutig noch schöner.

5. JULI 2022 – TAG 7
SOLTAU BIS DORFMARK

Meine ursprüngliche Planung für diesen siebten Pilgertag am Dienstag, dem 5. Juli 2022, sah vor, gemeinsam mit Kito möglichst frühzeitig nach Soltau anzureisen und dann entspannt von dort bis nach Bad Fallingbostel oder im Optimalfall vielleicht sogar bis Walsrode zu gehen.

Stattdessen läuft es alles ganz anders: Die früheste Option mit der S 1 ab Poppenbüttel um 7:59 Uhr scheitert daran, dass Kito zu dieser Zeit noch mit Christine auf seiner Gassi-Runde ist. Die S 1 um 8:59 Uhr verbummele ich beinahe, aber mit einem forcierten Anmarsch schaffen Kito und ich die Abfahrt gerade noch rechtzeitig. Das Umsteigen am Hamburger Hauptbahnhof ist für uns schon fast Routine und klappt auch problemlos. Der Metronom RB 41 um 9:37 Uhr von Hamburg nach Buchholz ist pünktlich, aber erstaunlich voll. Es sind auffallend viele junge Fahrgäste, oft auch in Gruppen, die sich offenbar auf dem Weg zum Heidepark Soltau befinden.

Der Heidesprinter RB 38 um 10:13 Uhr von Buchholz nach Soltau (und weiter nach Hannover) steht auf Gleis 11 bereits seit rund einer halben Stunde bereit, ist aber maximal überfüllt. Hier gibt es definitiv keinen einzigen Stehplatz mehr! Kito und ich gehören zu den mehr als 50 Fahrgästen, die vor diesem Kurzzug (!) stehen, aber nicht mehr hereinpassen und auf den nächsten Zug in einer Stunde warten müssen. Die Wartezeit nutzen wir, um in der Stadt Brötchen und Teewurst zu kaufen (ein Küchenmesser habe ich stets im Rucksack).

Als wir nach knapp einer halben Stunde wieder am Bahnhof ankommen, erfahren wir per Durchsage, dass der Zug um 11:13 Uhr ausfällt. Ein Grund wird uns nicht genannt. Ein Teil der wartenden Mitreisenden beschließt daraufhin, wieder nach Hamburg zurückzukehren. Kito und ich aber warten weiter. Wir sind schließlich Pilger und bleiben gelassen.

Der Zug um 12:13 Uhr kommt schließlich mit mehr als 31 Minuten Verspätung (um 12:15 statt um 11:44 Uhr), fährt aber wenigstens rasch los. Statt um 10:57 Uhr erreichen wir **Soltau** endlich um 13:14 Uhr, womit unsere Anreise also genau 4 ¼ Stunden gedauert hat.

Wir haben nun zwei Alternativen, nämlich unverzüglich weiter zu ziehen oder aber noch zurück ins Zentrum zu gehen und den Jacobusweg ab der Eisdiele vorgestern weiterzugehen und dabei auch irgendwo hier in Soltau unsere Pilgerpässe zu stempeln. Wir entscheiden uns für letztere Option und nehmen denselben Weg ins Zentrum, auf dem wir vorgestern mit Christine von dort kamen. In der Tourist-Information erhalten wir unsere Pilgerstempel.

Am Spielmuseum und am Rathaus vorbei, erreichen wir die **St.-Johannis-Kirche**, die eigentlich eine „offene Kirche" ist, aber *„vorerst wegen Renovierungsarbeiten geschlossen"* ist, wie ein Schild ausweist. Schräg gegenüber entdecken wir auf der anderen Straßenseite eine Pilgerherberge mit dem Zeichen der Via Romea.

St.-Johannis-Kirche Soltau

Wir biegen nach links in die Wiesenstraße ein und gehen zur katholischen Kirche **St. Maria vom Heiligen Rosenkranz**. Das moderne Kirchengebäude wurde 1975/1976 erbaut, während der Glockenturm noch von der Vorgängerkirche von 1915 stammt. Auch diese Kirche bietet nach telefonischer Voranmeldung Pilgern Unterkunft.

an der katholischen Kirche St. Maria vom Rosenkranz Soltau

Über die Feldstraße gelangen wir auf dem Jacobusweg nun erneut ins Zentrum, wo wir bereits vorhin waren. Das war mir bewusst. Zugleich war es aber unvermeidbar, wenn wir die beiden Kirchen und die Pilgerstempel nicht missen wollten. Wir passieren das riesige Soltauer Sofa ein zweites Mal und biegen in die Charlottenstraße ein. Hinter der Bahnunterführung gehen wir nach links in einen parallel an der Böhme entlangführenden schmaleren Naturweg.

Kito ist durstig und zeigt zugleich, dass er vorgestern etwas gelernt und behalten hat: Er steuert von sich aus (!) das flache Ufer des kleinen Flüsschens an und trinkt aus der Böhme.

Eine Viertelstunde später erreichen wir Drewes Hof, einen Bauernhof mit Ferienwohnungen und Fremdenzimmern. An der Scheune treffen Kito und ich den frei herumlaufenden großen Hofhund, der jedoch sehr freundlich und friedlich ist. Der Hof gehört bereits zu **Tetendorf**.

An der einzigen viel befahrenen Straße dieses Tages biegen wir nach rechts ab, verlassen sie jedoch bereits nach 140 Metern, indem wir links in einen asphaltierten ruhigen Wirtschaftsweg einschwenken. Diesem folgen wir nun sehr lange durch Feld und vor allem Wald.

Kurz vor **Imbrock** überqueren wir die Böhme und gehen an einem Campingplatz vorbei. Unser Weg schlängelt sich abwechslungsreich zwischen Wiesen, reifen Feldern und Wäldern hindurch. Vor allem die Kiefern verbreiten ihren angenehmen Geruch.

Der mehr als 500 Jahre alte historische **Oehlshof** zu unserer Rechten ist heutzutage vornehmlich als Reiterhof ein Begriff. Von 1998 bis 2004 war er einer der beiden Außendrehorte der 52-teiligen Fernsehserie „Die Kinder vom Alstertal", in der wiederum einer meiner damaligen jugendlichen Patienten eine der Hauptrollen spielte.

Wir überqueren die Beck und steuern auf die zunehmend hörbare Autobahn A 7 zu, die wir zwischendurch auch immer wieder sehen können.

In **Fuhrhop** machen Kito und ich eine längst überfällige Rast. Der kleine Hund ist genauso durstig und hungrig wie ich. Der Struvenhof gegenüber ist hübsch anzusehen, vor allem der kleine Park und sein Gartenteich mit Insel und Brücke.

Etwa 650 Meter nach unserem Pausenplatz erreichen wir eine kleine Wegekreuzung, an der es nach links zum rund 750 Meter entfernten **Rittergut Wense** geht. Das Gut gehörte seit mindestens 1322 der gleichnamigen Adelsfamilie von der Wense. Zu ihm gehörten auch ein Gutsdorf, Fischteiche, eine Sägemühle, eine Ziegelei und eine Gutskapelle, die zugleich die Begräbniskapelle der Besitzerfamilie war.

1935 wurden die von der Wense von der damaligen Reichsregierung gezwungen, ihren Familienstammsitz zu verkaufen. Anderenfalls drohte ihnen die Zwangsenteignung. Die Ländereien gingen im Truppenübungsplatz Bergen auf. Erhalten blieben einige Häuser des Gutsdorfs, das ehemalige Herrenhaus, ein Neubau von 1907, das heutzutage Sitz eines Bundesforstamts ist, sowie die Gutskapelle nebst Friedhof. Letztere sind nach wie vor im Besitz derer von der Wense, weshalb Wense nach den Regeln der Ritterschaft im einstigen Fürstentum Lüneburg weiterhin als „aktives" Rittergut in der Matrikelliste der Lüneburger Landschaft geführt wird.

Die Familie von der Wense hat indessen ihren neuen Familiensitz auf dem einstigen Rittergut Ellerbruch in der Wingst und gehört seither auch zur Ritterschaft der vormaligen Herzogtümer Bremen und Verden. Mit Wense und seiner Geschichte hatte ich mich 2020 und 2021 eingehend beschäftigt, Und Ende Mai 2021 liefen wir dort auf dem Rittergut auch einen meiner „Schlösser-, Güter-, Herrenhäuser-Marathons".

Heute aber verzichten Kito und ich auf diesen Abstecher. Wir wollen stattdessen lieber zügig weiterziehen.

Als wir in **Mengebostel** auf einer Bank eine zweite kurze Trinkpause machen, biegt aus der Gegenrichtung ein eindeutig als Jakobspilger erkennbarer Mann in unseren Weg ein. Er transportiert sein Gepäck mittels eines Pilgerwagens, einem zweirädrigen Gestell, das an seinem Gürtel befestigt ist und das er hinter sich herzieht. Da wir eh gerade im Aufbruch sind, schließen wir uns ihm an und kommen rasch mit ihm ins Gespräch.

Frank aus Quickborn pilgert mit Pilgerwagen.

Frank kommt aus Quickborn (im Nordwesten Hamburgs) und ist erstmals als Pilger unterwegs. Auch er will – genauso wie Christine und ich mit Kito – von Zuhause nach Santiago de Compostela gehen, und zwar in Segmenten, für die er 5-6 Jahre veranschlagt. Aktuell hat er sich vier Wochen Zeit genommen, um mit Zelt und weitestgehend als Selbstversorger möglichst bis nach Köln zu kommen.

Unser Tempo ist dasselbe, und wir unterhalten uns prima. Gemeinsam erreichen wir **Dorfmark** und die dortige **St. Martins-Kirche**. Die jetzige Kirche entstand im 14. Jahrhundert an der Stelle eines hölzernen Vorgängerbaus aus der Jahrtausendwende. Sie ist leider zu.

Kirche St. Martin in Dorfmark

Wir fragen im gegenüberliegenden Haus des evangelischen Kindergartens nach Pilgerstempeln und werden ins Hotel-Restaurant Deutsches Haus direkt neben der Kirche verwiesen, wo wir auch prompt unsere Pilgerpässe stempeln lassen können. So wie ich den Pilgerpass der Nordkirche und den unseres regionalen Jacobuswegs stempele, so stempelt Frank – übrigens genauso wie ich auf der Via Baltica – den Pass der Nordkirche und einen spanischen Credencial.

Als wir eine italienische Eisdiele erreichen, lade ich Frank zu einem Eis ein. Wir klönen noch ein wenig, bis Kito und ich unbedingt zum Bahnhof aufbrechen müssen.

Ich hatte nämlich, noch bevor wir Frank trafen, beschlossen, heute in Dorfmark abzubrechen und lieber früher wieder nach Hause zurückzufahren. Die noch fehlenden Kilometer nach Bad Fallingbostel wollen wir mit den knapp zehn Kilometern von dort nach Walsrode zusammenlegen und als separate Tagesetappe gehen. Alles andere macht keinen vernünftigen Sinn.

Wir erreichen den nur knapp 200 Meter entfernten kleinen **Bahnhof Dorfmark** um 17:43 Uhr, als gerade ein Zug von dort abfährt. Es ist jedoch nicht „unserer", sondern der davor. Unser Zug RB 38 soll um 17:48 Uhr fahren. Er ist um 17:53 Uhr fast pünktlich.

Die Szenerie und der Rest unserer Heimfahrt ändern sich schlagartig ab dem Bahnhof Soltau-Nord: Hier und im Bahnhof Wolterdingen steigen „Legionen" junger Leute zu. Sie alle sind auf dem Rückweg vom Heidepark Soltau. Die meisten quetschen sich in unseren ohnehin gut gefüllten Wagen, anstatt den extra für sie in Soltau angehängten hinteren Zugteil zu nutzen. So nach und nach vergrößert sich unsere Verspätung auf gut 20 Minuten in Schneverdingen und auf zuletzt rund eine halbe Stunde bis Buchholz. Unser regulärer Anschlusszug RB 41 um 18:59 Uhr ist da längst durch.

Stattdessen warten wir auf den RE 4, der unterwegs bis Hamburg Hbf nur einmal, nämlich in Harburg, hält. Der soll eigentlich um 19:19 Uhr fahren, hat laut Anzeige „ca. 10 Min. Verspätung" und kommt dann um 19:33 Uhr. Immerhin gibt es dort noch einige wenige freie Sitzplätze.

Die nächste Überraschung bietet die S 1, die wir zeitnah im Hauptbahnhof erwischen. Unser Zug wird nicht wie üblich in Ohlsdorf geteilt, sondern fährt komplett durch zum Flughafen! Hier war Kito ja noch *„nie nicht"*. Wir nehmen den nächsten Zug zurück nach Ohlsdorf und erreichen dort einen anderen Zug der S 1, mit dem wir um 21:05 Uhr in Poppenbüttel ankommen. Grund für das Chaos und zudem völlig planlose Fahrtzeiten der S 1 soll laut Ansage ein längerer und größerer Polizeieinsatz irgendwo an der Strecke gewesen sein.

Kaum sind wir in Poppenbüttel, ist Kito, der bis dahin den ganzen Tag über ein entspannter und ruhiger Pilger war, wie verändert. Jetzt hat er es plötzlich eilig und will so schnell wie möglich zu seinem Zuhause. Dort hat Christine gerade leckere polnische Pierogi fertig, die wir alle drei sehr mögen und die wir auch vollständig verputzen.

Tagesdistanz: ca. 17,5 km + 2,5 km An- und Rückreise = ca. 20 km

Gesamtdistanz: ca. 165 km

Erkenntnisse des Tages: Es gibt tatsächlich noch weitere Pilger auf diesem Jacobusweg! Und als Bahnreisender mit 9-Euro-Ticket sollte man möglichst früh am Morgen aufbrechen.

10. JULI 2022 – TAG 8
DORFMARK BIS WALSRODE

Unsere Pilgeretappe zwischen Dorfmark, Bad Fallingbostel und Walsrode am Sonntag, dem 10. Juli 2022, wird vor allem dadurch aufgewertet, dass Christine uns wieder einmal begleitet. Kito findet es super schön, mal wieder mit seinen beiden Menschen unterwegs zu sein, und auch ich genieße Christines Anwesenheit ganz besonders.

Allerdings ist unser Tagesrhythmus zu dritt schon etwas anders als Kitos und meiner zu zweit. Das macht sich vor allem beim morgendlichen Aufbruch und unterwegs beim Pilgertempo bemerkbar.

Da die S 1 zwischen Poppenbüttel und Ohlsdorf wegen Gleisarbeiten derzeit gesperrt und hier ein Schienenersatzverkehr eingerichtet ist, den Christine eh schon immer auf dem Weg zur Arbeit aushalten muss, hat sie vorgeschlagen, bis zum Bahnhof Trabrennbahn mit dem Auto zu fahren und dann die U 1 bis zum Hauptbahnhof zu nehmen.

Da Kito und ich keine Gegenargumente haben, sitzen wir kurz nach 7 Uhr in ihrem Auto und fahren zum Bahnhof Trabrennbahn. Die Parkplatzsuche ist an diesem Sonntagmorgen kein Problem. Wir haben sogar noch Zeit, uns im Kiosk am Eingang Kaffee und Mohn- bzw. Rosinenschnecken zu holen.

Die U 1 kommt pünktlich und bringt uns ebenso zum Hauptbahnhof. Auch der Metronom RE 4 hält sich perfekt an seinen Fahrplan. Der Heidesprinter RB 38 dagegen fällt mal wieder auf: Zum einen kommt er gar nicht – wie von uns erwartet – um 8:44 Uhr aus der Heide und fährt um 9:13 Uhr mit uns wieder in die Heide. Vielmehr war er gerade bis Hamburg-Harburg gefahren und kommt – mit leichter Verspätung natürlich! – nun von dort.

Bis dahin haben sich allerdings alle Fahrgäste in spe – auch die aus RE 4 mit Ankunft 9:05 Uhr in Buchholz – bereits in dichten Menschentrauben auf Bahnsteig 11 zusammengefunden. Wir finden dennoch gute Sitzplätze…

In **Dorfmark** haben wir bereits nach knapp 200 Metern den Jacobusweg Lüneburger Heide wieder erreicht und sind damit wieder im Pilgermodus. Da ist es Viertel nach zehn und knapp 20 °C warm. Mehr als 23 °C wird es auch später nicht, ist allerdings immer wieder mal recht schwül an diesem Tag.

Die Markierungen sind wie gewohnt gut bis sehr gut angebracht. Außerdem habe ich mir den Streckenverlauf bereits im Vorfeld – im Abgleich mit der Beschreibung im Pilgerwegführer – auf Google Maps angesehen. Es gibt also keinen Grund zur Sucherei und somit auch keine Zeitverluste.

Als wir an eine Kreuzung mit Picknicktisch und -bänken kommen, müssen wir uns zwischen der markierten Pilgerwegroute und einer schöneren, zuvor von den Jakobusfreunden vorgeschlagenen, aber von den Behörden nicht übernommenen Route entscheiden. Ich wähle den markierten Weg, weil er früher und direkter auf meine mittägliche Trainingsstrecke von 1987 bis 1989 stieß. Gegebenenfalls wollen wir dann meiner alten Laufrunde auf die andere hübschere Strecke direkt am rechten Böhme-Ufer folgen.

Rund 150-200 Meter vor dem Erreichen meiner damaligen Runde treffen wir eine Frau, die in dem Gehöft direkt daneben wohnt. Sie erzählt uns, dass der damals von mir genutzte Steg über die Böhme zum Campingplatz hin ebenso wenig erhalten ist wie der Ausgang aus dem Campingplatz in den sandigen Waldweg direkt an der Böhme, auf dem ich damals zur Klinik zurücklief. Also bleiben wir auf unserem Weg und damit dem asphaltierten ersten Teil meiner alten Laufrunde.

Christine und ich hatten gerade darüber gesprochen, dass wir eigentlich unseren Fallingbosteler Lauffreund Kai hätten informieren können, dass wir heute hier pilgern, als sie Kito und mich wegen einem von hinten nahenden Läufer warnt. Und voilá: Es ist Kai!

Das ist einmal mehr einer dieser schönen und wunderbaren Pilgerzufälle! Kai ist noch mehr überrascht als wir und bleibt in unserem Tempo bis ins Stadtzentrum nun bei uns.

Wir biegen in den Kolkweg ab und gehen zur Klinik Fallingbostel, meiner ersten ärztlichen Arbeitsstelle. Hier war ich von Februar 1987 bis März 1989 Assistenzarzt. Ich erkenne sofort die Fenster meines damaligen Arztzimmers. Die Klinik selbst hat sich nur wenig verändert: Sie ist allerdings nun zwei Stockwerke höher und hat rückseitig diverse Anbauten. Und der Klinikparkplatz hat nun eine Zufahrtsschranke.

Wir verlassen das Klinikgelände auf der Rückseite und folgen nun der Böhme bis zur Soltauer Straße im Stadtzentrum **Bad Fallingbostel**s. Schräg gegenüber steht die **St. Dionysius Kirche**.

Kai verabschiedet sich und trabt gen Norden, während wir uns nach Süden wenden. Zunächst steuern wir direkt einen der Außentische des Eiscafés Zio Seba an. Hier lassen wir uns jeweils einen großen Kaffee und ein leckeres Eis munden, wobei der kleine Hund die Waffeln und auch etwas Eis abbekommt.

Christine und Kito vor der eingezäunten St. Dionysius Kirche in Fallingbostel

Die St. Dionysius Kirche ist an diesem Sonntagmittag zu. Da sie von außen größtenteils eingerüstet ist, liegt dies vielleicht aber nicht am Wochentag. Am Sonntag jedoch sind aber definitiv sowohl das Kirchenbüro als auch die Tourist-Information der Stadt zu und fallen demnach auch als Stempelstellen aus. Ersatzweise stemple ich in „unserem" Eiscafé.

Wir folgen ein Stück der Walsroder Straße und gehen bei der Freiwilligen Feuerwehr dann nach rechts in die Hermann-Löns-Straße. Letzterer Straßenname ist nicht so willkürlich gewählt wie in anderen Städten: Diese Straße führt nämlich ebenso wie der Tietlinger Lönsweg, in den wir später nach links abbiegen, bis in die Nähe des Hermann-Löns-Grabes. Wir ersparen uns heute jedoch den je Richtung 1,3 Kilometer langen Abstecher zum Grab des Heidedichters.

In der **Rooksbergsiedlung** Bad Fallingbostels erleben wir einen „privaten Straßen-Hofflohmarkt", der mehr als 200 Stände in 12 Straßen umfasst. Wir begnügen uns mit den Ständen, die direkt an unserem Pilgerweg liegen.

Ein Fahrradwegweiser weist „Walsrode 5,0" sowie „Düshorn 5,9" aus. Walsrode ist unser heutiges Tagesziel, während Düshorn erst mitten in der nächsten Etappe ansteht.

Wir überqueren die Bahnstrecke, auf der wir am heutigen Spätnachmittag heimfahren werden. Ein sehr zugewachsenes Ortseingangsschild zeigt **Honerdingen** an, ein unscheinbares weißes Schild wenige Meter später **Meinerdingen**.

Wir sehen ein Denkmal für die Gefallenen dieser Gemeinde und erreichen nach 600 Metern die **St. Georg Kirche Meinerdingen** und das zugehörige Ev. Pfarrhaus. Rechter Hand stehen die „Kulturscheune" und das ehemalige Pfarrwitwenhaus, in dem sich jetzt das (natürlich am Wochenende geschlossene) Pfarrbüro befindet. Die sehr sehenswerte Kirche ist glücklicherweise geöffnet. Ihre Anfänge gehen auf das frühe 13. Jahrhundert zurück. Die erste urkundliche Erwähnung datiert von 1269. Der hölzerne Glockenturm wurde 1380 errichtet.

Bemerkenswert ist der Taufstein aus dem 14. oder 15. Jahrhundert, der 1705 „außer Dienst gestellt" und durch einen barocken Taufengel ersetzt wurde. Dieser Taufengel hing oben im Altarraum und wurde bei Bedarf mittels einer raffinierten Vorrichtung herabgelassen. Den Taufengel gibt es noch immer. Er wurde allerdings auch – gegen Ende des 19. Jahrhunderts – aussortiert, durch ein hölzernes Gestell für die Taufschale ersetzt und eine Zeitlang im Kirchturm aufbewahrt. Seit der Kirchenrestaurierung 1989 hängt er hoch oben im Kirchenraum von der Decke. Indessen wurde der alte Taufstein, der zwischenzeitlich in einer Scheune als Viehtränke genutzt worden war, 1977 wiederentdeckt und wird seither auch wieder zu seinem ursprünglichen Zweck genutzt.

Die kleine Dorfkirche gefällt uns beiden ausnehmend gut. Unseren Pilgerstempel erhalten wir übrigens anschließend im Pfarrhaus nebenan vom Pfarrer.

St. Georg Kirche Meinerdingen, Taufengel von 1705

St. Georg Kirche Meinerdingen

Wir gehen wieder rund 300 Meter auf der Dorfallee zurück bis zu einer Kreuzung und folgen der Dorfallee weitere 150 Meter nach links bis zu einem Findling und einem Picknickplatz. Hier biegen wir erneut nach links ab, diesmal in einen asphaltierten Wirtschaftsweg. Nach 500 Metern erreichen wir eine Kreuzung mit dem Meinerdinger Kirchweg. Von links biegt hier eine Abkürzung von der Meinerdinger Kirche ein, während wir diesen Weg nun nach rechts in Richtung Walsrode gehen. Er nähert sich einem Gewerbeareal und verläuft dann einige Zeit parallel zu einer viel befahrenen Landstraße (Vorbrücker Ring), die er dann – leicht links versetzt – überquert. Auch innerhalb der Walsroder Wohnbebauung folgen wir weiterhin dem Meinerdinger Kirchenweg, der dann 300 Meter später (nach Überqueren des Graesbecker Wegs) in die Straße Am Bullerberg übergeht.

Der weitere Etappenverlauf innerhalb Walsrodes ist – nüchtern betrachtet – etwas umständlich, unsinnig und mit Chance historisch nachvollziehbar. Sinnvoll wäre es vielmehr, die Straße Am Bullerberg bis zur Bundesstraße B 209 weiterzugehen.

Stattdessen biegt der Pilgerweg nach 340 Metern, vor der Bahntrasse, nach rechts in den Ziegelweg ab, um erst nach weiteren 240 Meter die Quintusstraße (B 209) zu erreichen. Dort überquert er die Bahnlinie nach links und biegt sofort nach rechts, am Bahnhof vorbei, in die Ostdeutsche Allee ein. Wieder links geht es dann hinter einem Berufsschulzentrum in den Richard-Fröhlich-Weg und etwas merkwürdig über eine Hinterhof-Parkfläche im Zentrum Walsrodes zurück zur B 209. Ab dem Abzweig in den Ziegelweg sind dies 1.100 Meter. Auf direktem Weg geradeaus Am Bullerberg zur B 209 wären es nur 350 Meter, also 750 Meter weniger.

Natürlich sind wir drei diese beiden Umwege gegangen, da wir erstens der Wegbeschreibung bei Detlef Gehring und zweitens den Wegmarkierungen folgten. Erst als wir der B 209 bei der Stadtkirche zum dritten Mal begegneten und später zu Hause den Streckenverlauf bei Google Maps sichteten, kamen uns dann doch relevante Zweifel an dieser Sinnhaftigkeit.

Nach der soeben erwähnten zweiten Überquerung der B 209 folgt der Jacobusweg kurz dem Freudenthalweg und biegt dann vor dem Klostersee und der Klostermauer mit dem Freudenthalweg halbrechts zur Stadtkirche ab.

St.-Johannis-der-Täufer-Stadtkirche Walsrode

Die **St.-Johannis-der-Täufer-Stadtkirche** wurde 1848-1850 erbaut und hatte mindestens drei Vorgängerkirchen (aus dem 10., 12. und 15.

Jahrhundert). Sie ist groß und sehr hell, wobei letztere Eigenschaft auch daher rührt, dass sie weitgehend in weiß gehalten ist. Die Kirchenbänke sind in drei Ebenen angeordnet.

Mir imponiert besonders der Altarraum mit dem Kanzelaltar und dem großen Altarbild sowie die beiden Epitaphe im Vorraum der Kirche unter dem Turm. Sie gehören zu Gabriel Meyer, Pastor hier von 1640 bis 1679, und Superintendent Rudolphus Lodemann, Pastor hier von 1680 bis 1714. Kito fokussiert da eher auf die rauen Juteteppiche, auf denen er sich so herrlich schubbern kann.

Einen Pilgerstempel finden wir hier jedoch nicht. Wir gehen über den Kirchplatz zur B 209 (jetzt zum dritten Mal), dort nach links und erreichen nach wenigen Metern den Eingang zum **Kloster Walsrode**.

Kloster Walsrode, Gang im klösterlichen Wohnbereich

Das Kloster wurde im zehnten Jahrhundert durch den Grafen Walo und seine Frau Odelint gestiftet und ist das mit Abstand älteste Frauenstift im ehemaligen Fürstentum Lüneburg. Seine erste urkundliche Nennung erfolgte in einer Schenkungsurkunde von König Otto III. aus dem Jahr 986. Wie die Stadtkirche nebenan steht es unter dem Patronat Johannes des Täufers. Nach der Reformation wurde es ein adeliges Damenstift mit maximal elf Bewohnerinnen. Seit 1980 können auch bürgerliche Frauen in den Konvent aufgenommen werden, endete also die Beschränkung auf den Adel. Das Kloster wird heute – ebenso wie das Kloster Lüne und weitere niedersächsische Klöster – von der Klosterkammer Hannover verwaltet.

Das Klostergebäude ist erfreulicherweise offen. Wir besichtigen aber erst einmal den alten Klosterfriedhof mit seinen prächtigen alten Grabsteinen. Der heutige Klosterkonvent besteht aus einem L-förmigen Gebäudekomplex mit offenbar großen Wohnungen der Konventdamen. Am Ende des Ganges links erreichen wir die Klosterkapelle, die übrigens Wand an Wand zur Stadtkirche gebaut wurde und mit dieser durch Innenfenster verbunden ist. Hier in der Klosterkapelle finden wir dann auch in einer hölzernen Box einen **Pilgerstempel!**

Wir besichtigen noch die sehr gepflegten, hübschen Außenanlagen des Klosters mit vielen Blumen und Sitzecken zum Verweilen und gehen dann entspannt – diesmal aber auf dem direkten Weg – zum Bahnhof. Um 16:37 Uhr treten wir den Heimweg an: zunächst mit der RB 38 bis Buchholz, dann um 17:59 Uhr mit dem RB 41 bis Hamburg Hbf und dann mit der U 1 bis Trabrennbahn, wo Christines Auto steht. Kurz nach 19 Uhr sind wir wieder zu Hause.

Tagesdistanz: ca. 19,5 km + 2,5 km An- und Rückreise = ca. 22 km

Gesamtdistanz: ca. 187 km

Erkenntnisse des Tages: Heute führt mich der Jacobusweg Lüneburger Heide zu meiner ersten ärztlichen Arbeitsstätte, der Klinik Fallingbostel. Ansonsten sind die Kirche St. Georg Meinerdingen und das Kloster Walsrode unerwartet eindrucksvolle Tageshighlights.

11. JULI 2022 – TAG 9
WALSRODE BIS HODENHAGEN

Gleich am nächsten Morgen sind Kito und ich – diesmal nur wieder zu zweit – auf dem Weg nach Walsrode. Wie bereits am Vortag gemeinsam mit Christine wollen Kito und ich um 7:46 Uhr ab Trabrennbahn losfahren. Dort angekommen, bemerke ich aber, dass ich meine Spiegelreflexkamera vergessen habe! Also fahren wir mit dem Auto wieder heim, holen die Kamera und nehmen die U 1 um 8:46 Uhr und ab Hamburg Hbf den Metronom RE 4 um 9:15 Uhr. In Buchholz kaufen wir dann noch Kitos Fahrkarte für den Streckenteil Soltau – Walsrode. Die RB 38 verlässt Buchholz um 10:13 Uhr und erreicht **Walsrode** um 12:19 Uhr. Damit ist unser neunter Pilgertag eigentlich bereits zur Hälfte um.

Kloster Walsrode vom Park aus

Wir trödeln daher nicht lange, sondern gehen auf dem kürzesten Weg wieder zum Kloster Walsrode, wo die heutige Etappe beginnt. Wir pilgern parallel zur Klostermauer durch einen Park auf den Klostersee zu und überqueren ein feuchtes Gelände sowie die Böhme auf einer langen

Brücke. An deren Ende stoßen wir auf einen Waldweg, dem wir nach rechts folgen. An den nächsten beiden Weggabelungen halten wir dann jeweils links. Der „unbeschrankte Bahnübergang", den wir laut Pilgerführer „umsichtig überqueren" sollten, ist eher ein Relikt. Die Bahnschienen sind komplett zugewachsen. Hier ist schon sehr lange kein Zug mehr vorbeigefahren! Der Jacobusweg führt leicht abwärts bis zum Waldrand und folgt diesem, wobei er den von links aus einem Tunnel kommenden Steinförthsbach quert.

Am Waldende erreichen wir wieder Asphalt. Hier stehen neben einem rosa angestrichenen Haus gleich mehrere Wohnwagen auf dem Parkplatz. Offenbar sind sie aber weniger zum Wohnen gedacht als zum „Arbeiten". Die am Hauseingang des „Casanova Clubs" angebrachte großformatige „Hausordnung" informiert, dass „Personen", die dort „für sexuelle Dienste Geld nehmen ... selbständige Unternehmer/innen und keine Angestellten bzw. Subunternehmer des Clubs" seien. Dies tangiert uns nicht einmal peripher...

Die Zufahrtstraße bringt uns zu einer Landstraße, der wir nach links, unter einer Eisenbahnbrücke hindurch, zu einem Kreisverkehr folgen. Im Rondell prangt eine überdimensionale Ginsengwurzel. Diesen Kreisverkehr umrunden wir im Uhrzeigersinn zu drei Vierteln und biegen dann in die leicht ansteigende Düshorner Straße auf den Geh-/Radweg links ein.

Nach 180 Metern zeigt ein Muschelzeichen an einem weißen Fahrbahnbegrenzungspfahl etwas unauffällig an, dass wir hier die Straße überqueren und in den ersten rechts abgehenden Weg einbiegen müssen. Bergab erreichen wir fast die Bahnlinie, die wir zuvor unterquert haben, und biegen nun nach links in einen angenehmen, leicht ansteigenden Waldweg ein.

Dieser Waldweg zieht sich hin, aber er ist angenehm und schön ruhig. Diese Ruhe genießen wir beide. Außerdem ist das Wetter sehr pilgerfreundlich: sonnig und warm, aber nicht zu heiß. Irgendwann, kurz vor den nächsten Häusern, finden wir an einem Abzweig eine Bank und lassen uns zu einer Rast nieder. Es gibt wieder einmal Brötchen mit Teewurst, unsere Standard-Verpflegung, und dazu für Kito Wasser und für mich Cola.

Wir folgen dem Querweg an unserer Pausenbank nach links. Über schönes, uraltes Kopfsteinpflaster erreichen wir **Ellinghausen**. (Das

Ortseingangsschild weist jedoch bereits Düshorn aus.) Ellinghausen besteht eigentlich nur aus zwei Straßen mit einem guten Dutzend einzelnstehender Gehöfte. Die meisten davon sind offenbar sehr alt, aber gut instandgehalten. Hinter dem zweiten Hof rechts entdecke ich ein hübsches kleines, offenbar leerstehendes Wohnhaus.

Als wir linker Hand Ackerland erreichen, wechselt der Straßenbelag kurz zu Asphalt. Wenig später biegen wir hinter einer Trafostation in die nächste Straße rechts ab und sind wieder auf Kopfsteinpflaster. Die Straße heißt wie unsere bisherige und auch die nächste schlicht Ellinghausen. Dies ist in sehr alten Orten ja auch nicht unüblich, wobei ja oft sogar die Hausnummern nach der Reihenfolge der Erbauung vergeben wurden.

in Ellinghausen

Nachdem wir ein Fachwerkhaus von 1528 passiert haben, biegen wir beim Findling mit der Aufschrift *„Metjen Hof – Anno 1669 – Familie Kahrs – Ellinghausen 8"* nach links ab. Die Straße heißt wenig später Am Glockenberg und nach Überquerung der Fallingbosteler Straße knapp 500 Meter später dann Kirchstraße. Ein Schild an einem Haus rechts verweist darauf, dass hier der Ortsvorsteher seinen Sitz hat. Kurz darauf erreichen wir den Friedhof und die **Düshorner Kirche St. Johannis der Täufer**. Sie gehört zum Pfarramt der gleichnamigen Walsroder Kirche. Der hölzerne, in der seiner oberen Hälfte mit Schiefer verkleidete Glockenturm wurde nach der Zerstörung seines Vorgängers 1827 durch einen Brand im sicheren Abstand zur Kirche erbaut. Die Kirche von 1720 ist unverschlossen, so dass wir sie von innen besichtigen können. Wertvollste Ausstattungsgegenstände sind das Lesepult von 1650 und der um 1730 datierte Taufengel. Auch der Kanzelaltar gefällt uns. – Was wir hier jedoch vermissen, ist ein Pilgerstempel. Schade.

Kirche St. Johannis der Täufer in Düshorn

Wir verlassen die Kirche wieder, betrachten noch die Reihe alter Barockgrabsteine und pilgern weiter. Der Weg folgt weitere 250 Meter der Kirchstraße bis zu deren Ende. Wir biegen nach links in die Mühlenstraße und knapp 100 Meter später nach rechts in die Celler Straße ab. Letzterer folgen wir rund 850 Meter. Dabei passieren wir die Gaststätte „Zur Trompete", die heute Ruhetag hat. Sie bietet laut meinem Pilgerführer übrigens auch Gästezimmer an (ebenso wie die Pension Bunke in der Kirchstraße 6).

An einem Haus auf der gegenüberliegenden Straßenseite hängt ein Transparent mit einem Warnhinweis „**Achtung Schützenfest**" und einem auf allen Vieren kriechenden Schützen, der in der rechten Hand sein

Gewehr und in der linken seinen Bierkrug hält. Als ich anhalte, um dieses zu fotografieren, rebelliert der kleine Hund im dortigen Vorgarten sehr. Der wird aber flugs von Frauchen ins Haus zurückbeordert, wobei die Situationskomik für mich dadurch entsteht, dass sein Frauchen in voller Schützenuniform mit diversen angehefteten Schützenorden „auftritt"!

Tatsächlich ist am heutigen Montag der dritte und letzte Tag des Düshorner Schützenfests. Gut eine halbe Stunde später werden wir aus der Ferne noch den Spielmannszug der Schützen hören können.

Wir verlassen die Celler Straße und biegen nach links in die leicht ansteigende Straße Küsterberg ein. An ihrem Ende erreichen wir einen Solitärbaum mit einem Findling. Der Deller Weg, ein asphaltierter Landwirtschaftsweg, dem wir nun nach rechts folgen, zieht sich 1,4 Kilometer lang schnurgerade durch die fast flache Landschaft. Unterwegs finden wir eine Bank, auf der wir eine kurze Rast einlegen.

Vor einem Querweg finden wir ein mit Textilplanen vor direkter Sonne geschütztes Areal mit Pflanzen, die ich nicht auf Anhieb kenne. Die Infotafeln klären uns auf: Es sind Ginseng-Pflanzen im 4.-6. Wachstumsjahr!

Wir befinden uns bereits auf den Ländereien des einstigen Hofs Pröhl bzw. der heutigen **Flora-Farm Ginseng**, dem einzigen europäischen Ort, an dem – schon seit Jahrzehnten – koreanischer Ginseng angebaut wird. Wir erreichen einen Wald mit einem Gedenkstein für die drei im November und Dezember 1914 an der Westfront gefallenen Pröhl-Söhne und biegen gegenüber dieses Steins nach rechts zum Hofareal der Ginseng-Farm ab. Obwohl es noch keine 15 Uhr sind und das Ginseng-Café im Sommer täglich von 14 bis 18 Uhr geöffnet sein sollte, wirkt hier an diesem Juli-Montag alles wie ausgestorben, so dass wir gleich weiterziehen.

Wir passieren auch den Helkenhof von 1438, der direkt neben dem Ausgang der Ginseng-Farm liegt und gehen weiter bis zu einer Kreuzung mit einem Unterstand und einer großen „Uhr hinter Glas". Sie wurde Ende der 1940er Jahre im Internierungslager Oerbke angefertigt und 1953 von der damals noch selbständigen Gemeinde **Bockhorn** erworben. Bis 1994 befand sie sich im obersten Stockwerk des noch heute auf dem Friedhof stehenden Turmes. Von 1994 bis 1997 wurde sie aus Spendenmitteln grundlegend restauriert und steht seitdem hinter Glas an ihrem heutigen Ort.

Bockhorn selbst wurde 1237 erstmals urkundlich erwähnt, als ein Edelmann aus der Familie von Hodenberg seine Rechte an den Gütern des Ludolf von Bockhorn der Kirche bzw. dem Kloster zu Walsrode vermachte.1489 gehörte dann nachweislich das gesamte Dorf mit seinen sieben Höfen zur Grundherrschaft des Klosters Walsrode.

Einer dieser Höfe ist aktuell gerade zu verkaufen, wie Tafeln eines Verdener Immobilienmaklers zeigen. Hinter dem Dorf biegen wir an einem Schild „Hodenhagen 11,0 km / Krelingen 3,0 km" nach rechts in einen Feldweg ein. Das verspricht, ziemlich knapp zu werden, falls wir den Zug heimwärts um 17:29 Uhr bekommen wollen. Genau genommen, ist es sogar sehr unwahrscheinlich, den noch zu erwischen. Aber genau eine Stunde später kommt ja dann wieder einer.

Der Weg ist prima zu gehen. Dafür gibt es zur Abwechslung einen kurzen Schauer, den wir jedoch glimpflich überstehen. Nach 1,4 Kilometer zwischen Feldern und auch mit etwas Wald geht der Feldweg in eine asphaltierte Landstraße über, die uns nach **Krelingen** bringt. Das ist ein hübsches Fachwerkdorf mit vielen schönen und alten Gebäuden, das uns sehr gefällt.

An der Straßengabelung halten wir uns rechts. Das Wartehäuschen als Unterstand und das pilger- und hundefreundliche Gasthaus Columbus auf der gegenüberliegenden Straßenseite bleiben unbeachtet, obgleich wir im Gasthaus vielleicht unsere Pilgerpässe hätten stempeln können. Dazu sind wir heute noch rein gar nicht gekommen! Aber irgendwie gab es auch keine wirklich guten Gelegenheiten, Stempel zu bekommen.

Außerhalb des Ortes hätten wir beinahe den Abzweig am Schild "Krusenhausen 2,5 km" verpasst. Das Schild selbst ist unübersehbar, aber das Muschelzeichen einige Meter daneben ist so sehr versteckt, dass ich ohne unseren Pilgerführer hier geradeaus statt nach links gegangen wäre.

Auf dem Weg durch die Felder in Richtung Autobahn A 27 zeigt Kito dann Pausenbedarf an: Er hat Durst und trinkt heute zum zweiten Mal auf unserer Pilgertour durch die Lüneburger Heide (sogar frühzeitig) seine Flasche leer. Außerdem braucht er dringend ein paar Leckerlis und vor allem jede Menge Kuschel- und Streichelmomente. Dafür muss natürlich immer Zeit sein! Und ab jetzt können wir auch ganz entspannt auf den 18:29-Uhr-Zug planen...

Das nachfolgende Kopfsteinpflaster unseres Wegs sieht so aus, als sei es uralt. Das kann aber nicht sein, denn dieser Abschnitt führt hinauf zu einer Brücke über die A 27, und die ist definitiv erst in den letzten Jahrzehnten entstanden.

Im Waldstück vor **Krusenhausen** nerven uns die Mücken, vor allem aber die dicken Bremsen. Kito setzt zwischendurch immer wieder seiner Vorderpfoten ein, um die Viecher von seinem Kopf zu verscheuchen. Der Ort selbst ist nur eine lose Ansammlung von Häusern, die kaum weiter als Ort auffällt.

Als wir schließlich wieder Wiesen und Felder erreicht haben versperrt plötzlich eine riesige Halle und die Großbaustelle einer zweiten Großhalle unsere Trasse. Wir müssen beide – nolens, volens - nach rechts umgehen. Immerhin haben die Container der Bauleitung Wasseranschluss, was uns zu schön kaltem Wasser für Kitos Flasche verhilft.

Den **Bahnhof Hodenhagen** erreichen wir durch ein Wohngebiet hindurch um 17:49 Uhr, wobei wir zuvor den 17:29er Zug gegen 17:36 Uhr hören konnten. Am Automaten auf dem Bahnsteig kaufe ich Kitos Rückfahrkarte bis Soltau, ehe wir noch ein wenig in Richtung Ortszentrum bummeln. Für einen Einkauf im Supermarkt reicht die Zeit indessen nicht.

Unser 18:29er Zug RB 38 ist bis auf zwei Minuten pünktlich, baut dann aber bis Buchholz reichlich Verspätung auf, so dass wir statt um 19:44 erst um 20:09 Uhr ankommen. Das reicht immerhin locker, um unseren Anschlusszug Metronom RB 41 (planmäßige Abfahrt 19:59 Uhr) zu kriegen, denn der fährt dort erst um 20:34 Uhr ab und kommt in Hamburg um 21:05 Uhr – mit 39 Minuten Verspätung – an. Der Rest mit der U 1 und ab Bahnhof Trabrennbahn per Auto ist unspektakulär, und um 21:58 Uhr geht unser mehr als 14-Stunden-Tag dann entspannt zu Ende.

Tagesdistanz: ca. 24 km

Gesamtdistanz: ca. 211 km

Erkenntnisse des Tages: Die heutige Tagesetappe war weitaus hübscher als die gestrige. Es gab mehr Natur, schönere Wege, viele sehr alte Straßenabschnitte mit historischem Kopfsteinpflaster und hübsche Orte mit sehr viel Fachwerk.

im Wald vor Krusenhausen

22. JULI 2022 – TAG 1A ZUBRINGERWEG BARDOWICK BIS LÜNEBURG (VIA SCANDINAVICA)

„Offiziell" – d.h. laut gängiger Beschreibung – beginnt der zweite Einstieg in den Jacobusweg Lüneburger Heide nicht in Bardowick, sondern erst in Lüneburg.

Frank Farthmann und **Detlef Gehring** haben jedoch in ihrem sehr empfehlenswerten Pilgerführer (mit präziser Wegbeschreibung) dieses kurze Stück der **Via Scandinavica** als Verbindungsstück von selbigem Weg sowie vom **Birgittaweg** zum Jacobusweg einbezogen. Und da mir ihre Wegbeschreibung bislang sehr zusagt und Bardowick ebenfalls gut per Bahn erreichbar ist, habe ich diese Teiletappe in meine Planung übernommen.

Kito und ich reisen also diesmal nach Bardowick an. Da ich aber meine SD-Speicherkarte im Laptop in der Praxis stecken lassen habe, werde ich mir irgendwo zu Etappenbeginn in Bardowick eine neue kaufen müssen.

Wir reisen diesmal statt mit dem Schienenersatzverkehr mit meinem Auto bis Ohlsdorf an, nehmen dort – zehn Minuten früher als vor einer Woche – die S 1 bis Hauptbahnhof und erreichen damit sicher und ohne Probleme den Metronom RE 3 in Richtung Uelzen. Der soll um 10:57 Uhr fahren und um 11:29 Uhr in Bardowick ankommen. Um 11:00 Uhr fährt er endlich los und schafft es, während nur 32 Minuten Fahrzeit stolze 16 Minuten Verspätung aufzubauen!

Vom Bahnhof Bardowick bis in den Ort sind es 2,4 Kilometer. Dabei passieren wir auch die zentrale Einkaufsstraße, in der es fast alles, aber keine Speicherkarten, gibt. Im Schreibwarenladen verweist man uns auf den REWE-Markt ganz am Ortsrand, in dem wir auch fündig werden. In der Drogerieabteilung gibt es Speicherkarten und USB-Sticks. Die 32 GB große Speicherkarte kostet knapp sieben Euro, und die Kassiererin hilft mir auch, sie mit einer Schere aus der „unkaputtbaren" Verpackung zu holen.

Auf dem Rückweg ins Zentrum besichtigen Kito und ich bereits den **St. Nikolaihof**, der sonst später ein empfohlener Abstecher gewesen wäre, so aber direkt neben der Straße zurück ins Ortszentrum vor uns liegt.

Nikolaihof und Innenansicht der Nikolaikapelle in Bardowick

Der St. Nikolaihof ist eine denkmalgeschützte mittelalterliche Wohnanlage mit altem Baumbestand, deren Wohn- und Wirtschaftsgebäude sich um die Kapelle St. Nikolai gruppieren. Der Nikolaihof gehörte ursprünglich der Stadt Lüneburg, die hier ihre Leprakranken fernab der eigenen Stadt unterbrachte. Später wurde die Anlage in ein Altenheim umgewandelt. Im 15. Jahrhundert wohnten hier etwa 80 Menschen, von denen etwa die eine Hälfte Bewohner im Männerhaus bzw. Frauenhaus waren, die andere Hälfte Personal (Verwalter, Pfarrer, Küster, Organist, Hirten, Knechte und Mägde).

Die **Kapelle St. Nikolai** entstand um das Jahr 1300 herum, erhielt 1421/1422 ihren heutigen Glockenturm und 1435 nach einem umfassenden Umbau ihr heutiges Aussehen.

Kito und ich haben Glück: Obgleich die Kapelle laut Aushang heute eigentlich nicht geöffnet sein soll, ist die Kirchentür doch unverschlossen, und wir können eintreten. Ich sichere uns sogleich unsere ersten Pilgerstempel auf diesem Wegzubringer. Im sehr sehenswerten Kirchenraum treffen wir ein älteres Paar, das sich von einem Führer die Kirche erläutern lässt. Da Kito die drei anbellt, muss er nach draußen auf eine Parkbank „umziehen", was ihm erkennbar nicht gefällt.

Bemerkenswertes Detail des Kircheninterieurs ist die neben der Kanzel an der Wand angebrachte nur sehr selten noch zu findende **Kanzeluhr**, eine „viergläsrige" Sanduhr, mit der die Predigtdauer gemessen wurde.

Vorbei am **Glockenturm St. Viti**, einem im 18. Jahrhundert wiedererrichteten Relikt der verfallenen gleichnamigen Kirche, gelangen Kito und ich zum **Dom zu Bardowick St. Peter und Paul**.

Diese dreischiffige gotische Hallenkirche entstand zwischen 1389 und 1485 auf dem Standort einer bereits 1146 urkundlich belegten hölzernen Vorgängerkirche. Der gedrungene Turm wurde bereits früher – um 1300 – errichtet.

Dass das heute gerade einmal gut 7.000 Einwohner zählende Bardowick eine derart große Kirche besitzt, hat vor allem historische Gründe. Von Karl dem Großen gefördert, erlebte der Ort ab etwa 800 eine enorme wirtschaftliche Blüte als wichtige Handelsstadt. Zwar ging diese Blütezeit gegen Ende des 12. Jahrhunderts zu Ende, aber davon war die Kirche, die als Stiftskirche zum Kloster Amorbach gehörte und ein wichtiges kirchliches Zentrum der gesamten Region war, nur bedingt betroffen, so dass der Dom nach seiner Zerstörung durch den großen Stadtbrand 1371 in seiner heutigen Größe wiederaufgebaut wurde. Kito darf mit in den Dom, und wir bekommen auch hier zwei hübsche Pilgerstempel.

Merkwürdigerweise zeigt meine Spiegelreflexkamera hier bereits – nach nur rund 20-25 Aufnahmen mit der neuen, gerade erst gekauften Speicherkarte – die Meldung „Card full" an. Eigentlich müsste die Speicherkapazität für weit mehr als 1200 Bilder ausreichen! Ich checke die bislang gespeicherten Bilder und stelle fest, dass die Kamera bei mehreren Fotos Speicherfehler meldet. Möglicherweise sind einige Segmente des Speichers also defekt...

Vom Dom aus gehen wir über die Kleine und die Große Brückenstraße zur **Klappbrücke** über die **Ilmenau**. Hier erreichen wir den **Ilmenau Radweg,** dem wir nun bis nach Lüneburg folgen.

Er entspricht weitgehend dem alten Treidelweg, der von der Elbe bis nach Lüneburg führt. Während die Schifffahrt flussaufwärts zunächst nur bis nach Bardowick betrieben wurde, reichte sie ab dem 14. Jahrhundert bis nach Lüneburg, wobei die Ewer und kleinen Kähne (sogenannte Böterschiffe) stromaufwärts von Männern (Treggern) gezogen wurden.

Dieser Weg ist für uns recht angenehm zu gehen. Zu unserer Linken fließt uns die Ilmenau entgegen, während sich rechts von uns landwirtschaftliche Flächen und einzelne Häusergruppe abwechseln. Hübsch anzusehen sind vor allem die bunten, aber auch die monochromen Blumenfelder.

Nach rund einem Kilometer am Treidelweg passieren wir die alte **Schleuse Bardowick,** und nach 2,1 Kilometern nutzen wir im Bereich des Grenzsteins zu Lüneburg eine Bank, um dort zu rasten und zu trinken. Zu Essen haben wir heute auf dieser kurzen Etappe – außer Kitos Leckerlis natürlich – nichts mit.

Nachdem wir zwei Kilometer später die Bundesstraße B 4 unterquert haben, folgen wir zu unserer Rechten einem größeren Industriegebiet, in dem auch die in der Öffentlichkeit viel diskutierte Coca-Cola Niederlassung mit ihrer Brunnen- und Abfüllanlage (Mineralwassermarke VIO) beheimatet ist.

Etwa einen Kilometer hinter Coca-Cola, direkt vor einer Eisenbahnbrücke, verlässt die **Via Scandinavica** den Treidelweg und führt zum historischen **Kloster Lüne** am gegenüber liegenden Ilmenau-Ufer. Wir jedoch folgen weiterhin dem Treidelweg.

Hinter dem Lüneburger Behördenzentrum – nach insgesamt 6,3 Kilometern auf dem Treidelweg – verlassen wir den Fluss dann doch und steigen rechts zur Reichenbachstraße hinauf.

Diese ist nach Johannes Reichenbach (1836-1921) benannt, einem Lüneburger Senator und Ehrenbürger. Reichenbach war gelernter Böttcher und baute den mehr als 300 Jahre alten Familienbetrieb zu einer großen Fassfabrik aus. Als Bürgervorsteher und später als Senator erwarb er sich bleibende Verdienste um die Stadt und ihre Bürger. Bekannt war vor allem auch sein Leitsatz: „Man to! Man to!" („Dann mal los!")

Der ihm gewidmete **Reichenbach-Brunnen**, den wir an der Kreuzung Reichenbachstraße / Bardowicker Straße passieren, stand von 1908 bis 1940 auf dem Platz „Am Sande", war dann lange Jahre im städtischen Bauhof eingelagert und ist erst seit 1983 an seinem heutigen Standort wieder öffentlich aufgebaut.

Rund 250 Meter weiter erreichen Kito und ich die **St. Nikolai Kirche**, die wir uns gemeinsam anschauen und wo wir auch einen Kirchenstempel in unsere Pilgerpässe erhalten. Diese zwischen 1407 und 1440 erbaute Kirche der Schiffer und Salztonnenböttcher beeindruckt mich außerordentlich. Leider erlaubt die defekte Speicherkarte meiner Kamera keine weiteren Fotos, so dass ich beschließe, mir diese Kirche demnächst noch einmal ausführlicher anzuschauen.

Stattdessen pilgere ich mit Kito weiter zum **Marktplatz** mit dem imposanten **Rathaus**, einem Prachtbau aus dem 13. Jahrhundert. In der Tourist-Information erhalte ich einen einfachen Stadtplan und ein paar Flyer, aber keine Auskunft, wo es hier an diesem zweiten Startort des Jacobuswegs Lüneburger Heide einen offiziellen Pilgerstempel gibt.

Man verweist mich an die **St. Michaelis Kirche**, neben der ja auch der Pastor-Bode-Weg beginnt. Der Weg durch die Lüneburger Altstadt und die Straße Auf dem Meere ist wunderschön. Aber auch in der St. Michaelis Kirche bleiben wir erfolglos. Die beiden einzigen Mitarbeiter in dieser gotischen Hallenkirche aus dem 14. Jahrhundert machen Kaffeepause und blöken mich, als ich sie endlich gefunden habe, höchst unfreundlich und barsch an! Und einen Pilgerstempel gäbe es hier schon gar nicht! Und Kito habe hier auch nix zu suchen!

Rund zwanzig Minuten später – gegen 15 Uhr – treffen wir Christine. Mit ihr besichtigen wir auch noch die **St. Johanniskirche**, deren große

Renaissance-Orgel aus den Jahren 1551-1553 alles übertrifft, was ich bislang an Orgeln gesehen habe. Auch Christine ist begeistert und beeindruckt und kauft sich im Kirchenshop gleich eine CD eines hier eingespielten Orgelkonzerts.

Anschließend steuern wir die 1919 gegründete **Kaffeerösterei Rätzsch** (Am Berge 19) an, wo wir uns einen extrem leckeren Kaffee – natürlich aus eigener Röstung – und diverse Gebäckleckereien gönnen.

Auf dem Weg zurück zu Christines Auto kaufe ich noch bei Karstadt eine weitere 32 GB große Speicherkarte, die endlich fehlerfrei funktioniert und mich gut übers „documenta fifteen"-Wochenende bringt. Die beiden nachfolgenden Tage verbringen wir nämlich zu dritt in Kassel.

Tagesdistanz: ca. 7,7 km + 9,5 km Anreise sowie zusätzliche Wege in Bardowick und Lüneburg = ca. 17 km

Gesamtdistanz: ca. 228 km

Erkenntnis des Tages: Auch kurze Tagesetappen können sich hinziehen.

26. JULI 2022 – TAG 2A
ZUBRINGER-/NEBENWEG
LÜNEBURG BIS SALZHAUSEN

Nachdem es gestern noch einmal über 30 °C heiß war und wir deshalb erneut darauf verzichteten zu pilgern, sollen es heute nur maximal 21 °C werden, wenngleich mit einigen kurzen Schauern. Die riskieren Kito und ich einfach einmal, so dass wir um 7:59 Uhr den Schienenersatzverkehr in Poppenbüttel besteigen. Kurz vor dem S-Bahnhof Ohlsdorf entdecke ich plötzlich am Straßenrand mein am Freitag – also vor vier Tagen – dort geparktes Auto, das ich seither weder gebraucht noch vermisst habe. Ach, hier steht mein Auto!

Mit der S 1 fahren wir weiter zum Hauptbahnhof und haben nun ausreichend Zeit zum Umsteigen in den Metronom RE 3, der ja neulich direkt vor unserer Nase seine Türen verriegelte und abfuhr. Aber heute sind wir zehn Minuten früher am Gleis 13 C-F, und prompt hat der RE 3 15 Minuten Verspätung. Bis Lüneburg baut er diese Verspätung auf 19 Minuten aus, so dass wir statt um 10:40 Uhr erst um 10:59 Uhr dort ankommen. Das könnte am Ende dieser Etappe den Ausschlag geben, welchen Bus wir ab Salzhausen zurück erwischen werden.

Wir lassen uns aber nicht ärgern, sondern starten zunächst unser am Freitag aufgeschobenes Lüneburger Sightseeing Programm. Auf dem Weg zum **Kloster Lüne** kommen wir an einem Werksgelände vorbei, dessen Name mir sehr bekannt ist: „Lüne Best".

Wenn es schon – laut Tourist-Information und laut Pilgerpass dieses Wegs – keine offizielle Pilgerstempelstelle **in** dieser alten Hansestadt gibt, dann wollen wir wenigstens einmal sehen, ob dies auch für das Kloster Lüne gilt.

Nach 1 ½ Kilometern Fußweg erreichen wir das Kloster. Die Tür in der Längsseite der Kloster- und Gemeindekirche ist definitiv verriegelt. Eine Mitarbeiterin des benachbarten Pfarrbüros, die wir durch ihr offenes Bürofenster ansprechen, weiß auch gar nichts über eventuelle Pilgerstempel.

Kloster Lüne

Wir betreten das höchst eindrucksvoll und prächtig erhaltene mittelalterliche Klosterensemble und werden im Klostershop fündig. Die dortige Mitarbeiterin, die unsere beiden Pilgerpässe eigenhändig und gewissenhaft stempelt, ist zunächst irritiert, dass ich ihr zwei Pilgerpässe vorlege. Als ich ihr erkläre, dass Kito doch schließlich ein 4-Pfoten-Pilger ist, leuchtet ihr das aber sofort ein, und so stempelt sie auch seinen Pilgerpass ohne weitere Einwände.

Das Kloster Lüne wurde 1172 von zunächst nur zehn adligen Frauen gegründet. Ihre Zahl wuchs nach und nach auf 60 an, wobei diese aus dem regionalen Adel sowie aus Lüneburger Patrizierfamilien stammten. Ende des 13. Jahrhunderts ist belegt, dass die Nonnen nach den Regeln des Benediktinerordens lebten. Das Kloster etablierte sich bald als wohlhabende und einflussreiche Regionalmacht.

Nach einem verheerenden Brand 1372 wurde es, wie damals üblich, in Backstein wieder aufgebaut und in den folgenden Jahrhunderten vielfach erweitert. Auch heutzutage bildet es ein faszinierendes, geschlossenes Gebäudeensemble. Veränderungen der Klosterstruktur ergaben sich aus der Klosterreform von 1481 sowie der Reformation. Äußerlich wurde das Kloster Lüne seit 1535 als eine rein säkulare Ruhestandsinstitution behandelt. Innerlich führte die Klostergemeinschaft weiterhin ein hingebungsvolles geistliches Leben in benediktinischer Tradition fort. 1711 erfolgte auf Veranlassung des Herzogs Georg Ludwig von Braunschweig-Lüneburg die Umwandlung des Klosters in ein evangelisches Damenstift, dessen primäres Ziel die Versorgung unverheirateter Töchter des Lüneburger Landadels war.

Kito und ich verlassen das Kloster durch einen parkähnlichen Garten und pilgern in Richtung Innenstadt weiter. Wie bereits am letzten Freitag gehen wir die Reichenbachstraße hoch bis zum Reichenbach-Brunnen und von dort zur **St. Nikolai Kirche**. Diesmal habe ich ja eine funktionierende Speicherkarte in der Kamera und kann somit auch einige schöne Ansichten und Details des imposanten Kircheninneren (siehe Seite 8) aufnehmen, darunter auch ein Gemälde mit der ältesten Stadtansicht Lüneburgs.

Auf dem Weg zur Altstadt sehen wir vor dem Rathaus ein Foto-Shooting mit einem mittelalterlichen Landsknecht. Wir erreichen die **St. Michaelis Kirche** mit den Überresten des **Kapitelsaals des einstigen Klosters St.**

Michaelis. Hier beginnt offiziell der Pastor-Bode-Weg und damit auch der Zubringer bzw. Nebenweg des Jacobuswegs Lüneburger Heide.

Es ist inzwischen fast 13 Uhr, als wir Lüneburg endlich verlassen. Bis Salzhausen, zu unserem Tagesziel, sind es laut Wegweiser 21,5 Kilometer.

Vom Johann-Sebastian-Bach-Platz – der Namensgeber war einige Zeit Schüler und Chorknabe hier in St. Michaelis – gehen wir die Görgesstraße leicht bergauf. Aber bereits nach 170 Metern gibt es ein erstes Problem, das uns aufhält: Der Schlöbkeweg, dem wir eigentlich geradeaus ins **Naturschutzgebiet Kalkberg** hinein folgen müssen, ist wegen einer Baustelle gesperrt und definitiv nicht passierbar. Glücklicherweise war ich jedoch früher bereits einige Male hier und kann mich orientieren. So umgehen wir fix den gesperrten Weg via Neueatorstraße und biegen von Norden statt von Osten in den Schlöbkeweg ein.

Im Naturschutzgebiet Kalkberg geht es nun ein kurzes Stück steil aufwärts, ehe wir nach links abbiegen und auf einem schmalen Weg leicht abwärts im Zickzack zum westlichen Ausgang des Kalkbergs gelangen. Wir biegen links in die kleine Straße Beim Kalkberg ein und passieren die einstige Gipsbrennerei auf unserer rechten Wegseite. Sie wurde vor einigen Jahren gründlich saniert und dient jetzt als Wohnhaus.

Beim Gemeindehaus der Matthäus-Gemeinde biegt der Weg nun – ohne erkennbare Markierung nach rechts ab und überquert als schmaler Trampelpfad eine Wiese. Das muss man schon wissen oder per Track erkennen, will man sich hier nicht erneut verfransen.

Der nächste Abschnitt ist dann sehr einfach zu finden: Wir biegen halblinks in den Schnellenberger Weg, den wir auch sogleich nach rechts überqueren. Das ist auch nötig, denn er biegt nach 150 Meter halbrechts ab und mutiert damit zur Nebenstraße. Weitere 300 Meter später wird er gar nach Überquerung der Jägerstraße ein unbefestigter Wirtschaftsweg, der uns sodann zügig aus der städtischen Bebauung Lüneburgs herausführt. Wir passieren noch einige Kleingärten, und dann liegt Lüneburg hinter uns.

Der Schnellenberger Weg geht nun in die Schnellenberger Allee über, die auch als solche klar erkennbar ist. Hier lasse ich Kito von der Leine, was dem Kleinen außerordentlich gut gefällt. Er tobt übermütig herum, spielt auch kurz Verstecken, ist aber stets auf sein Rückruf-Kommando wieder fix bei mir.

Wir gehen geradewegs auf das einstige **Rittergut Schnellenberg** zu, das wir jedoch – da Privatgelände – nicht durchqueren können, sondern vielmehr in einem großen Bogen auf der Straße Auf der Höhe umgehen.

Das Gut Schnellenberg befindet sich mindestens seit 1360 – zunächst als Lehen – im Besitz der Familie von Meding, die seinerzeit auch die Landmarschallwürde im Fürstentum Lüneburg (als Teil des Herzogtums Braunschweig-Lüneburg) besaß, also der Lüneburger Ritterschaft und der Ständeversammlung vorstand. Die Gutsanlage in ihrer heutigen Form entstand ab dem 16. Jahrhundert. Bis 1550 gab es vermutlich zwei Gutshöfe hier, von denen einer seinerzeit abbrannte und der andere verschont blieb. Dafür spricht auch das zeitweise doppelte Vorhandensein der Wirtschaftsgebäude. Das klassizistische Herrenhaus wurde 1802 fertiggestellt. Der Kern der Anlage war früher von einem Wassergraben umgeben, der jedoch nicht mehr vorhanden ist.

Wie gesagt: Die Gutsanlage ist heutzutage – weil privat – nicht öffentlich zugänglich und daher auch nur sehr wenig einsehbar. Das ist so und muss man als Außenstehender respektieren.

Wir folgen der Beschreibung in Detlef Gehrings Pilgerführer. Der Jacobus-Nebenweg windet sich mit mehrfachen Abzweigungen durch Wald, Wiesen und erntereife Getreidefelder. Er ist dabei deutlich unauffälliger markiert, als wir das vom Hauptweg her gewohnt sind. Aber die Markierung ist insgesamt trotzdem okay und bei konzentriertem Gehen auch ausreichend.

Etwa vier Kilometer hinter dem Gut Schnellenberg erreichen und überqueren wir die Lüneburger Landstraße. Auf der gegenüberliegenden Straßenseite folgen wir dem Radweg 50 Meter nach links, biegen dann in einen schmalen Pfad nach rechts ab und folgen an der nächsten Kreuzung dem Wegzeichen nach Westergellersen.

Die Landschaft beidseits des Weges mit ihren Feldern, Wiesen und Wäldern ist wunderschön, aber dies sollte nicht zur Unachtsamkeit führen. Irgendwo verpassen wir einen Wegweiser nach rechts und erreichen plötzlich eine Wohnstraße, die definitiv nicht zu unserem Weg gehört. Doch als an der Vierhöfener Straße (Landstraße) halbrechts den kleinen Friedhof von Westergellersen sehe, der direkt am korrekten Wegverlauf liegt, kann ich meinen Fehler rasch wieder korrigieren.

Auf dem weiterhin gewundenen Zick-Zack-Weg passieren wir einen Wohnmobilstellplatz (links) und den Turnierplatz (rechts) der Vielseitigkeitsreiter Luhmühlen. Auf dem Wohnmobilplatz stehen einige wenige Fahrzeuge, während der Turnierplatz völlig verwaist ist. Bei Turnieren wie dem jährlich im Juni ausgetragenen CCI Luhmühlen, einem der weltweit wichtigsten Turniere der Vielseitigkeitsreiterei, diversen Europameisterschaften oder auch beim „A Summer's Tale" Festival ist hier alles voller Menschen und die umliegenden Wiesen voller Zelte und Autos.

Diesen Trubel vermissen wir heute jedoch nicht. Als der jetzt asphaltierte Weg einen Kiefernwald erreicht, biegen wir am Waldrand nach rechts in Richtung Luhe ab und folgen dann im Wald links einem schönen, schmalen Pfad direkt neben der Luhe. Nachdem wir die Luhe auf einer kleinen Brücke überquert haben, folgen wir nun dem anderen Ufer und wenig später dann dem Waldrand bis zu den Häusern in **Luhmühlen**. An der Straße wenden wir uns nach rechts und direkt hinter den letzten Häusern wieder nach links.

Durch Wiesen und Weiden steuern wir nun auf einem asphaltierten Weg auf **Salzhausen** und dessen Schwimmbad (Freibad) zu. Natürlich habe ich bereits die Uhr im Blickfeld und damit die möglichen Busabfahrtszeiten ab ZOB Salzhausen nach Hause.

Uferweg entlang der Luhe vor Luhmühlen

St. Johannis in Salzhausen

Den Bus um 18:29 Uhr können wir ganz sicher nicht mehr schaffen, dafür aber ebenso sicher den um 19:29 Uhr. Da können wir auch noch kurz bei PENNY am Ortsanfang einkaufen und uns später im Zentrum auch noch die **St.-Johannis-Kirche** anschauen. Letztere ist bei unserer Ankunft kurz nach 19 Uhr bereits zu, so dass wir uns den dortigen Pilgerstempel beim Start unseres nächsten Wegsegments holen werden.

Wir sind rechtzeitig am ZOB, wo der Bus 4406 nach Winsen (Luhe) pünktlich abfährt. Er fährt kreuz und quer über die Dörfer, hat dabei jedoch sehr wenig ein- oder aussteigende Fahrgäste. So kommt er statt um 20:10 Uhr bereits drei Minuten früher am Bahnhof Winsen an, zeitgleich mit dem um 20:09 Uhr abfahrenden Metronom RE 3. Kito und ich sind sprungbereit, rennen rechts am Bahnhof vorbei auf den Zug zu. Im Vorbeirennen frage ich den Zugbegleiter: „Fahren Sie nach Hamburg?" Und als er dies bejaht, füge ich – schon halb im Sprung – hinzu: „Dann fahren wir mit!" Später sind wir dann beide – er wie ich – ehrlich überrascht, dass ein Metronom nach Hamburg auch einmal pünktlich ist. Um 20:32 Uhr erreichen wir Hamburg, und um 21:03 Uhr dann Poppenbüttel. Kito und ich sind glücklich.

Tagesdistanz: ca. 21,5 km + 8,7 km An- und Rückreise sowie zusätzliche Wege in Lüneburg = ca. 30,2 km

Gesamtdistanz: ca. 258 km

Erkenntnisse des Tages: Pilgern mit Kito ist auch auf dem Neben- bzw. Zubringerweg wunderschön. Und wann erreicht man schon per Bus einen eine Minute vor Busankunft abfahrenden, pünktlichen Anschlusszug?

9. AUGUST 2022 – TAG 3A
ZUBRINGER-/NEBENWEG
SALZHAUSEN BIS WILSEDE UND
WEITER BIS NIEDERHAVERBECK

Meine ursprüngliche Planung für diesen Weg ist ziemlich aus dem Plan gelaufen. Ursprünglich war ich davon ausgegangen, ihn bis Ende Juli fertig gegangen zu sein. Stattdessen sind wir am letzten Juli-Wochenende bereits die ersten drei wegen Buchung der Pilgerunterkünfte nicht verschiebbaren Tage auf dem Dithmarscher Jakobsweg gepilgert, sind also derzeit auf gleich zwei verschiedenen Jakobswegen unterwegs. Hinzu kamen zwei weitere Ausfalltage am letzten Freitag (5. August) wegen Dauerregens und gestern.

Heute sind wir spät dran. Diesmal sind die Pilgersachen jedoch gepackt und griffbereit. Wir brechen zügig auf und sind um 8:07 Uhr – zwei Minuten vor der Abfahrtszeit – in der S-Bahn. Da es inzwischen ja einen Schienenersatzverkehr der S 1 zwischen Berliner Tor und Hauptbahnhof gibt, nehmen wir für dieses Stück stattdessen die U 2 zum Hauptbahnhof. Der Metronom RE 3 steht bereits auf Gleis 13 C-F, als wir ihn mit einem gut zehnminütigen Zeitpolster erreichen, und fährt sogar pünktlich ab. Auch unterwegs bleibt er fast im Zeitplan, so dass ich die Anreiseoption mit Umsteigen in Winsen (Luhe) und dann zwei Bussen verwerfen kann und wir stattdessen bis Lüneburg weiterfahren und dort vierzig Minuten später den Bus der Linie 5200 nehmen. Damit sind wir bereits um 10:54 statt sonst via Winsen erst um 11:09 Uhr am ZOB in **Salzhausen**.

Da wir ja neulich Die **St. Johannis Kirche** außerhalb ihrer Öffnungszeiten erreicht hatten, gehen wir als Erstes dorthin. Der Weg lohnt sich. Die alte aus Findlingen und Feldsteinen errichtete Heidekirche aus dem 13. Jahrhundert ist einen Besuch wert. Einen Pilgerstempel gibt es jedoch nicht. Vielmehr ist die ehrenamtliche Kirchenaufsicht sogar von meiner Frage nach einem Pilgerstempel überrascht. Als ich ihr erkläre, dass Salzhausen immerhin zentraler Ort auf dieser Nebenstrecke des Jacobuswegs Lüneburger Heide ist, will sie dieses Thema aber im Gemeinderat ansprechen. Stattdessen erhalten wir im 200 Meter entfernten Rathaus einen Stempel der Samtgemeinde Salzhausen in unsere Pilgerpässe.

St. Johannis in Salzhausen

Neben dem ZOB gibt es einen LIDL-Markt, in dem ich noch zwei 0,75-l-Flaschen Teegetränk und etwas Proviant für uns kaufe. Letzten verzehren wir gleich darauf am ersten schattigen Picknickplatz.

Es ist bereits kurz nach zwölf Uhr, und die Sonne steht hoch am fast wolkenlosen Himmel. Gefühlt ist es jedenfalls deutlich wärmer als die offiziellen 26 °C, als wir uns auf den Weg machen. Wir durchqueren ein Neubaugebiet und haben bald die ersten sandigen Heidewege erreicht.

Sobald wir die letzten Häuser Salzhausens hinter uns gelassen haben, lasse ich Kito von seiner Leine, so wie wir dies bereits auf dem Dithmarscher Jakobsweg geübt haben. Der Kleine ist wieder völlig aus dem Häuschen! Anfangs düst er noch hin und her, aber dann wird es ihm offenbar ebenfalls zu warm und er sucht sich immer wieder kühle Schattenstellen aus, um auf mich zu warten.

Nachdem er an Wegekreuzungen oder Abzweigungen mehrfach falsch abgebogen war und wieder zurück und hinter mir herlaufen musste, demonstriert er nun seine Lern- und Anpassungsfähigkeit: Er läuft nun jeweils nur bis zum nächsten möglichen Abzweig vor, legt sich **dort** in den Schatten und wartet, welchen Weg ich dann jeweils einschlage. Der Lütte ist wirklich plietsch! Fremde Fußgänger oder Radfahrer interessieren ihn, wenn er ohne Leine ist, plötzlich rein gar nicht mehr.

Insgesamt läuft er gut sechs Kilometer ohne Leine, ehe ich ihn kurz vor dem nachfolgenden Waldgebiet wieder anleine.

Der Schatten im Wald tut gut.

Auf einem der nachfolgenden schattenlosen Abschnitte kurz vor der Unterquerung der Autobahn A 7 fotografiere ich Kito und seinen Schatten und stelle fest, dass letzterer auch der eines Hasen sein könnte.

Endlich erreichen wir **Egestorf**, wo wir unsere Trinkflaschen auffüllen. Kito hat seine, was selten genug vorkommt, bereits nach gut halbem Tagespensum leer. Einen Stempel bekommen wir in der Linden-Apotheke.

Die **St. Stephanus Kirche** von 1645 ist ein Fachwerkbau auf Feldsteinsockel. Ihr separat stehender Glockenturm stammt aus dem Jahr 1404. Auch die kostbare alte Einrichtung aus dem 17. und 18. Jahrhundert ist beeindruckend.

Wir verlassen die Kirche bald wieder, obgleich Kito sicherlich noch gerne viel länger hiergeblieben wäre, picknicken kurz an der Wegekreuzung am Ortsrand und checken dabei den Zeitplan für die heutige Heimreise. **Der letzte Bus ab Niederhaverbeck ist der Heideshuttle 1 um 18:37 Uhr.** Wenn wir den nicht erwischen, müssten wir zu Fuß zum knapp elf Kilometer entfernten Bahnhof Schneverdingen oder zum nur unwesentlich näheren Bahnhof Wintermoor gehen!

Das bedeutet, dass wir ab jetzt nicht mehr bummeln dürfen, sondern zügig weiterpilgern müssen. Außer kurzen Trinkpausen geht nichts.

St. Stephanus Kirche Egestorf

Nachdem wir die Feldmark hinter uns gelassen haben, folgt einer meiner Lieblingswege in der Heide, nämlich der Weg bergab durch den Wald bis hinunter zur Schmalen Aue. Hier geht Kito, der erneut durstig ist, von sich aus zum Bach und trinkt ausgiebig. Der nachfolgende, leicht schwingende Holzbohlenweg ist ihm dagegen nicht so ganz geheuer. Auf ihm hält er sich lieber wieder ganz dicht bei mir. Kurz danach erreichen wir auf der rechten Wegseite die ersten Heideflächen. Hier blüht noch ziemlich wenig, aber je mehr wir uns **Wilsede** nähern, umso größere Heideflächen haben bereits zu blühen angefangen.

blühende Heide vor Wilsede

Die Kilometerangaben an den Hinweisschildern variieren immer wieder. Phasenweise sieht es eindeutig gut mit unserem „Zeitlimit" 18:37 Uhr, dann aber auch wieder sehr schlecht. Kito hat inzwischen mitbekommen, dass wir es eilig haben. Den Grund kennt er nicht, aber er spielt fein mit und hält auch von sich aus unser Tempo hoch.

Genau eine Stunde vor der Busabfahrt in Niederhaverbeck verlassen wir Wilsede und gehen nun bis zur Bushaltestelle in Niederhaverbeck auf dem Hauptweg, den wir bereits am 30. Juni gepilgert waren. Zunächst „erklimmen" wir erneut den **Wilseder Berg**. Nach ein paar Fotos, die bei

113

diesen tollen Licht- und Farbstimmungen einfach drin sein müssen, geht es auf der steileren Seite gleich wieder bergab. Na ja, meist bergab, denn ein paar kleine Anstiege hält der Weg noch für uns bereit. Und dabei wird es immer enger mit der verbleibenden Restzeit!

Aber endlich sehen wir die Häuser in Niederhaverbeck, und wir erreichen die Bushaltestelle! Keine 45 Sekunden später ist auch der Heideshuttle 1 da! Wir können in den Bus einsteigen und uns in die weichen Sitze fallen lassen.

In Wintermoor haben wir dann eine Dreiviertelstunde Zwischenaufenthalt plus weitere zehn Minuten Verspätung der RB 38. Der Metronom RB 41 von Buchholz nach Hamburg ist gleichermaßen verspätet, so dass der Anschluss noch passt. Zudem ist er völlig überfüllt. Bei so vielen Menschen sitzt bzw. liegt Kito am liebsten die gesamte Fahrzeit über auf meinen Beinen und Armen.

Er ist – genauso wie ich – einfach glücklich. Wir beide hatten schließlich einen super-tollen Pilgertag in der Heide – mit beginnender Heideblüte und zwei schönen, alten Heidekirchen und einem glücklichen Ende. Mehr können wir uns für heute nicht wünschen. Kurz vor 21:30 Uhr sind wir wieder zu Hause.

Tagesdistanz: 30 km + 2 km An- und Rückreise = 32 km

Gesamtdistanz: ca. 290 km

Erkenntnisse des Tages: Die Heide beginnt zu blühen. Kito ist auch heute wieder sechs Kilometer ohne Leine gepilgert. Und das Leben ist zwar nicht leicht, aber wunderschön!

29. AUGUST 2022 – TAG 10 HODENHAGEN BIS NIEDERNSTÖCKEN

Kurz vor Ende des 9-Euro-Tickets wollen Kito und ich den Jacobusweg Lüneburger Heide vollenden. Dazu fehlen uns noch zwei Tagesetappen, die wir nun gehen wollen, und zwar mit unserer einzigen Übernachtung in einer Pilgerunterkunft hier auf diesem Weg. Die St.-Gorgonius-Gemeinde in Niedernstöcken hatte meine Anfrage vor Wochen sehr nett beantwortet und uns ihre Gastfreundschaft im Gemeindehaus zugesagt.

Wir starten unsere Anreise gegen 7:40 Uhr, nehmen die S 1 um 7:59 Uhr, die RB 41 um 8:37 Uhr ab Hamburg Hauptbahnhof und die RB 38 um 9:13 Uhr von Buchholz i. d. N. nach Hodenhagen. Alle Züge sind bemerkenswerterweise pünktlich, und so kommen wir um 10:28 Uhr in **Hodenhagen** an. Unsere erste Anlaufstelle ist das Rathaus, wo wir – was neulich hier ja nicht mehr gelang – unsere Pilgerpässe stempeln lassen.

Da wir sehr gut in der Zeit sind, machen wir noch einen kleinen Umweg zur sehenswerten **Kapelle Hodenhagen**. Sie ist eigentlich eine „offene Kirche", aber – ebenso wie die Kirchen in Soltau und in Fallingbostel – wegen Renovierung (hier: wegen Malerarbeiten) leider verschlossen.

Also pilgern wir wieder zurück ins Ortszentrum und kaufen beim örtlichen Supermarkt unsere Tagesverpflegung ein. Wir haben nämlich beide noch nicht gefrühstückt und sind ziemlich hungrig. Nach Überqueren der Aller finden wir parallel zur Allerstraße L 191 einen ruhigen und verkehrsfreien Platz, sogar mit einer geeigneten Bank, auf der wir frühstücken.

Frisch gestärkt erreichen wir wenig später nach Überquerung des von der Alten Leine gespeisten Ahldener Schlossteichs den Ort **Ahlden**. Das Schloss lassen wir vorerst bewusst „links liegen" und wenden unsere Aufmerksamkeit der gegenüberliegenden **Kirche St. Johannis der Täufer** zu. Sie ist offen und sehenswert. Ihr Turm wurde bereits um das Jahr 800 errichtet, während die erste Kirche erst 1202 erwähnt wurde. Vor allem die Außenwände des Turms sind mit Wein bewachsen. Die roten Trauben sind reif und sehr lecker. Leider gibt es hier aber wieder einmal keinen Pilgerstempel. Und auch das Gemeindehaus gegenüber ist seit 12 Uhr zu – also seit rund 40 Minuten.

Auf der Suche nach einer Ersatz-Stempelstelle gehen wir weiter in den Ort hinein. Hier gibt es schöne alte Fachwerkhäuser, aber keine Läden. Wir besichtigen das nach dem Brand von 1847 am damaligen Ortsrand neu erbaute **Scheunenviertel** und kehren von dort wieder ins Ortszentrum zurück. Es ist heiß heute: Ein Thermometer im Scheunenviertel zeigt bereits 30 °C an.

Scheunenviertel Ahlden

Die Gaststätte, an der wir vorbeikommen, scheint eher dauerhaft als nur über Mittag geschlossen zu sein. Schließlich finden wir einen Fahrrad- und Metallbaubetrieb, in dessen Büro wir einen Stempel bekommen.

Nun kehren wir zum **Schloss Ahlden** zurück. Seine Ursprünge gehen auf eine um 1290 erbaute Wasserburg zurück. Das heutige Schloss entstand als Wasserschloss ab 1549. (Bereits ab 1431 war Ahlden im landesherrlichen Besitz des Herzogs von Lüneburg.) Nachdem es von 1852 bis 1975 Sitz des Amtsgerichts war, wurde es 1975 für 90.000 DM an ein Kunstauktionshaus verkauft, dessen repräsentativer Firmensitz es seither ist. Der Schlosshof ist tagsüber stundenweise für die Öffentlichkeit zugänglich, die Innenräume nur im Rahmen von Vorbesichtigungen vor größeren Kunstauktionen.

Bekannt wurde das Schloss Ahlden als Verbannungsort der Prinzessin Sophie Dorothea von Braunschweig-Lüneburg-Celle (1666-1726), die mit ihrem Cousin Kurfürst Georg Ludwig, dem späteren König Georg I. von England, verheiratet war. Sie hatte eine Affäre mit dem schwedischen Grafen und sächsischen Generalmajor Philipp Christoph von Königsmarck (1665-1694). Ihre geplante Flucht mit dem Grafen im Juli 1694 wurde verraten, woraufhin von Königsmarck spurlos verschwand und bis heute als verschollen gilt. Sophie Dorothea wurde zunächst nach Schloss Ahlden gebracht und nach einem Scheidungsprozess auf Schloss Lauenau auf Geheiß ihres bisherigen Ehemannes lebenslang nach Ahlden verbannt. Sie wurde daher volkstümlich auch als Prinzessin von Ahlden bezeichnet.

Kito und ich haben Glück. Das Kunstauktionshaus bereitet gerade seine nächste große Auktion an den beiden ersten September-Wochenenden vor und hat einen Teil seiner größeren Exponate im Schlosshof und Park ausgestellt, so dass wir beide völlig problemlos besichtigen können.

Schloss Ahlden von der Parkseite aus gesehen

Pilgerweg hinter Ahlden

Windmühle Bothmer

Es ist bereits 13:40 Uhr, als wir Ahlden hinter uns lassen. Der Jacobus-weg führt nun – oft schnurgerade und schattenarm – durch offene Feld-mark. Hier kann Kito erneut viel ohne Leine unterwegs sein. Diese Freiheit genießt er sehr, ohne sich dabei jedoch allzu weit von mir zu entfernen. Er ist schon ein toller kleiner Pilger!

Nach gut drei Kilometern durch freies Feld erreichen wir den Ort **Büchten**. Er wurde bereits 860 urkundlich erwähnt. Über die Straße Im alten Dorfe erreichen wir die Büchtener Hauptstraße. Hier entdeckt Kito zu sei-ner Freude einen netten Picknickplatz, den wir zu einer Pause nutzen. An-schließend folgen wir der Büchtener Hauptstraße durch das Dorf und ei-nen anschließenden Mischwald bis zum Nachbardorf **Grethem**. Hier geht sie in die Grethemer Hauptstraße über. Am Ortsausgang Grethems ist nicht nur ein nächster Picknickplatz, sondern finden sich auch eine Infota-fel und zahlreiche Wegweiser. Wir folgen dem Radwegweiser „Schwarm-stedt 6,9 km / Bothmer 4,2 km" halblinks in den Weg Zum Goldberg. Auf wechselndem Untergrund – Pflaster, Asphalt, Betonspurplatten – geht es nun zwischen Wiesen und Pferdeweiden zur Leine und zur Bothmer Mühle, einen 21 Meter hohe zweistöckigen Gallerieholländer von 1823, der in den 1990er Jahren saniert wurde und voll funktionstüchtig ist.

Ab der Mühle folgt der Jacobusweg 1,3 Kilometer dem Geh-/Radweg der Landstraße. Links von uns begleitet uns die Leine, hinter der wir den Ort **Bothmer** mit seinem „Schloss", einem Herrenhaus von 1596, sehen. Auf den Abstecher verzichten wir jedoch aus Zeitgründen. Vielmehr ver-lassen wir an der Leinebrücke die links abbiegende Landstraße und folgen dem Pilgerweg geradeaus. Nach 1,2 Kilometern durch Wiesen unterque-ren wir eine weitere Leinebrücke, steigen hinter ihr zur Straße hoch, über-queren auf dieser Brücke die Leine und erreichen **Schwarmstedt**.

Nach weiteren 1,2 Kilometern liegt direkt am Weg ein Einkaufsgebiet mit zwei Supermärkten. Hier fülle ich unsere Getränke- und vor allem Le-bensmittelvorräte (Brötchen, Wurst, Käse etc.) auf. Wer weiß schon, wann und wo es die nächste Gelegenheit dazu gibt?

Wenig später zweigt der Pilgerweg von der Celler Straße in die Kirch-straße ab. Wir kommen zu **Tepe's Gasthof**, wo seit eigenem Bekunden seit 300 Jahren für Jakobspilger gesorgt wird. Wir wollen hier zwar weder ein-kehren noch übernachten, aber wir hätten gerne einen Stempel für unsere Pilgerpässe, und den erhalten wir hier auch. Die **St. Laurentius Kirche**, die wir kurz als nächstes erreichen, ist eine um 1510 entstandene dreischiffige spätgotische Hallenkirche. Aber sie ist ebenso zu wie das nahe gelegene Tourismusbüro.

Wir kehren Schwarmstedt den Rücken und nehmen unsere letzten gut acht Tageskilometer in Angriff. Über die Schmiedestraße und die Maschstraße erreichen wir bald wieder freie Landschaft und pilgern durch Wiesen, Felder, Knicks und kleine Gehölze. Der Weg wechselt mehrfach die Richtung, ist aber dank guter Markierung und ebensolcher Textbeschreibung im Pilgerführer problemlos zu finden.

In **Grindau** legen wir an einer Kreuzung, an der unser Weg nach rechts in den Stöckener Weg abbiegt, eine letzte Rast ein. Kito liegt zufrieden und entspannt neben meinem Rucksack auf der Bank und genießt die Abendsonne. Es ist jetzt kurz vor 19 Uhr, und wir haben nur noch vier Kilometer vor uns.

Kito genießt die Pause und die Abendsonne in Grindau.

Diese vier Kilometer durch die Natur sind wunderschön und fallen uns jetzt leicht. Wir müssen nicht hetzen, sondern können ganz genussvoll pilgern. Die Temperatur ist sehr angenehm, und Licht und Farben sind ein Augenschmaus. Unterwegs treffen wir noch eine Frau mit einer

Tierschutzhündin. Die Hündin hat noch mehr Ängste als Kito damals. Ich bin einmal mehr glücklich und dankbar, dass Kito uns vor 14 Monaten so schnell vertraut hat und dass er mit unserer Hilfe in seinem neuen Leben so riesige Fortschritte gemacht hat.

Über ein letztes kurzes Stück Landstraße ohne Geh-/Radweg, auf dem ich Kito nochmals anleinen muss, erreichen wir gegen 19:45 Uhr Niedernstöcken. Die **St. Gorgonius Kirche**, benannt nach einem frühchristlichen Märtyrer, liegt gleich hinter der Leinebrücke und dem Ortseingang links.

Küsterin Miriam Bandelin wohnt genau gegenüber dem Gemeindehaus. Sie ist sehr nett, schließt uns das Gemeindehaus auf und zeigt uns alles. Wir haben einen großen Saal mit vielen Stühlen und Tischen ganz für uns, dazu eine Küche mit Kühlschrank, Wasserkocher und Kaffeemaschine und einen Sanitärbereich mit WC und sogar Dusche. Mit letzterer habe ich gar nicht gerechnet.

In einer Ecke des Gemeindesaals breite ich meinen Schlafsack auf dem Fußboden und meinen Rucksack auf einem der Tische aus. Nach unserem Abendessen sitze ich an einem anderen Tisch, sichte meine Fotos und mache ein paar Notizen. Da wir WLAN haben, nutze ich dies ebenfalls. Zum ausführlichen Tagebuch-Schreiben bin ich zu müde. Und nach Kitos – wie meist beim Pilgern – kurzer Abendrunde weihen wir früh meinen neuen Schlafsack ein. Ich hatte mir nämlich, da Kito ja bevorzugt in meinen Kniekehlen oder sonst wo im Fußbereich des Schlafsacks schläft, die üblichen Mumienschlafsäcke dazu aber zu eng sind, einen Pilgerschlafsack im „altmodischen", rechteckigen Zuschnitt zugelegt. Nun haben wir beide genügend viel Platz!

Tagesdistanz: 30 km

Gesamtdistanz: ca. 320 km

Erkenntnis des Tages: Die heutige Tagesetappe, vor allem der Teil ab Ahlden, dem Verbannungsort einer britischen Königin in spe, bis Niedernstöcken, war zwar sehr heiß, zugleich jedoch auch sehr schön!

30. AUGUST 2022 – TAG 11 NIEDERSTÖCKEN BIS KLOSTER MARIENSEE

Gut erholt sind wir heute frühzeitig auf den Beinen und gehen Kitos Morgenrunde. Das anschließende Frühstück umfasst zwei Becher frischen Kaffee und ein Brötchen. Um Punkt 9 Uhr ist alles sauber und gepackt, sind die Pilgerpässe von der freundlichen Küsterin gestempelt und wir wieder auf dem Jacobusweg.

Wir folgen der Hammersteinstraße und erreichen nach 260 Metern die Friedenshof Kommunität e.V., die ebenfalls Pilgerunterkünfte anbietet. Auf dem Friedenshof mit seinem mehr als 270 Jahre alten Fachwerkhaus und diversen Nebengebäuden leben vier Generationen – elf Erwachsene und zwei Kinder – „ein einfaches Leben mit weitgehender Selbstversorgung, Spiritualität und Engagement für Gewaltfreiheit". Für die Übernachtung hier benötigt man als Pilger seinen Pilgerpass und einen Schlafsack; zudem vereinbart man für die Übernachtung und ggfs. Abendessen und/oder Frühstück einen Spendenbetrag. Ob allerdings Hunde zugelassen sind, entzieht sich meiner Kenntnis. Knapp 100 Meter weiter überqueren wir die Niedernstöckener Straße. Ab hier heißt unsere Straße dann In der Twacht. Nach etwa 1,2 Kilometern (ab der Kreuzung) erreichen wir die Freiwillige Feuerwehr, deren Jugendabteilung offenbar „Feuerdrachen" heißt, und biegen links (gen Süden) in einen Feldweg ein.

Ab hier darf Kito wieder ohne Leine pilgern, was er mit Freude annimmt. Pausenlos erkundet er die vielen Gerüche an den Wegrändern. Auch als wir einen Wald durchqueren, leine ich ihn nicht an. Und er enttäuscht mein Vertrauen nicht, sondern bleibt brav auf dem Weg und in meiner Sichtweite.

Wenig später schwenkt der Weg nach Osten, überquert die Landstraße L 191, die wir bereits vom Vortag her kennen und vorhin als Niedernstöckener Straße bereits in der anderen Richtung querten, und steuert auf **Brase** zu. Noch vor dem Dorf biegen wir nach rechts (also wieder gen Süden) in die Straße Am Westertore in Richtung **Mandelsloh**. Dieser Abschnitt ist zugleich auch Leine-Heide-Radweg, Kulturroute und Kirchen & Klöster Rundweg. Nach einem zu Mandelsloh gehörenden Wohngebiet nähern wir uns unserem nächsten Ziel, der St.-Osdag-Kirche, über einige Wiesen und den Seegraben. Wir erreichten sie – wie geplant – um Punkt 11 Uhr.

Die **St.-Osdag-Kirche** hat eine sehr lebhafte und abwechslungsreiche Geschichte, wie in wikipedia.de nachzulesen ist:

Möglicherweise wurde die Kirche St. Osdag in karolingischer Zeit durch einen sächsischen Adeligen namens Osdag gegründet. Der heutige Bau ist jedoch wohl in der zweiten Hälfte des 12. Jahrhunderts entstanden. Vermutlich wurden im Jahr 1384 während des Lüneburger Erbfolgekriegs die Nebenbauten des Chors und die südliche Nebenapsis abgebrochen. Auch der Westturm muss 1384 weitgehend zerstört worden sein. Der Wiederaufbau des Turms in Raseneisenstein erfolgte nach einer Inschrift von 1494 an der Westseite im 15. Jahrhundert. Im Jahr 1538 wurde das südliche Seitenschiff erneuert, wie aus einer Portalinschrift hervorgeht. Das nördliche Seitenschiff wurde 1872 oder 1874 wiederhergestellt. Bei einer tiefgreifenden Restaurierung in den Jahren 1874–79 wurde durch Conrad Wilhelm Hase eine Sakristei an den südlichen Kreuzarm angebaut, ein romanisierendes Westportal angelegt und gerundete Bogenabschlüsse an den Turmarkaden eingefügt sowie das Innere neu ausgeschmückt. In den Jahren 1896/97 wurden die Schallöffnungen von Hase durch Eduard Wendebourg aus Hannover gotisierend

umgestaltet. Im Jahr 1956 wurde der Westturm nach Teileinsturz wiederherge-
stellt.

Detlef Gehring berichtet, dass es hier zur Zeit der Karolinger eine Send-
kirche gab und die heutige Kirche, eine romanische Basilika, von 1175-1190
entstand.

Doch bevor wir die Kirche anschauen wollen, frage ich einige Leute erst
einmal nach dem Pilgerstempel. Der existiert auch, und zwar in einer Box
bei einem Unterstand neben dem „Café am Kirchturm". Wenn man das
weiß, ist das ja ganz einfach. Aber sonst?

Kito darf übrigens leider nicht mit in die Kirche. Er bewacht stattdessen,
mit langer Leine an einer Bank angebunden, meinen Rucksack.

St.-Osdag-Kirche, Wandmalereien aus dem 15. Jh. Und Ornamente aus dem 19. Jh.

Die Kirche ist der früheste monumentale Backsteinbau Nordwest-
deutschlands. Für eine romanische Dorfkirche ist sie mit 52,45 m Länge, 26
m Breite und einer Höhe bis zur Vierung von 10,95 m ungewöhnlich groß.
Mir gefällt vor allem die klare Struktur dieser dreischiffigen Basilika und
auch die üppigen auf 1421 datierten Wandmalereien im Chor, die erst
1907/1908 wieder freigelegt wurden. (Die ornamentalen Ausmalungen

datieren erst von 1874-1879.) Bei den dargestellten Aposteln ist auch Jacobus klar zu erkennen.

Kito hat lieb und ruhig auf meinen Rucksack aufgepasst und auf mich gewartet. Das verdient eine kleine Belohnung, bevor wir weiterziehen. Wir gehen durch die St.-Osdag-Straße und dann gleich links in die Straße In der Wiek. Hier zeigt ein Thermometer noch 21 °C, aber das wird sich zügig ändern. Nach knapp 500 Metern biegen wir – inzwischen sind wir übrigens in **Amedorf** – nach rechts in die Straße Steinhagen. Sowohl der Hof Heinemann (Steinhagen 16) als auch Christines Gästezimmer (Steinhagen 4) bieten sich als Pilgerunterkunft an.

Unmittelbar vor Christines Gästezimmer biegen wir in die Straße Im Dorfe ein und 350 Meter später von dort in einen asphaltierten Wirtschaftsweg. Ab hier führt der Jacobusweg nun durch fast schattenlose Wiesen, Weiden und nur gelegentlich kleine Wälder. Nicht wenige Flächen sind völlig vertrocknet.

Zehntscheune aus Neustadt (14./15. Jh.)

Auf dem Gelände einer früheren Ziegelei stoßen wir zwischendurch auf eine **Zehntscheune**. Sie gehört eigentlich nicht hierher, sondern stand – wohl schon seit dem 14. oder 15. Jahrhundert – in Neustadt nahe der

Liebfrauenkirche, wo sie den Calenberger Herzögen als Getreidelager für den von den Ackerbürgern entrichteten Zehnt diente. 1979 wurde sie aus Platzgründen hierher versetzt. Natürlich ist mir die Entrichtung des Zehnt schon lange geläufig gewesen, aber bis jetzt hatte ich mir noch nie Gedanken darüber gemacht, dass diese Steuerabgabe ja zumeist in Naturalien entrichtet wurde und die Landesherren als Empfänger derselben dafür entsprechende geeignete Speicher- bzw. Lagerkapazitäten vorhalten mussten.

Auf den nachfolgenden offenen Landschaftsflächen muss ich Kito gelegentlich zu seinem Schutz an die Leine nehmen. Mir sind nämlich die Greifvögel, die in unserer Nähe kreisen, nicht geheuer, und ich möchte nicht, dass irgendeiner von ihnen Kito als schmackhafte Beute ansieht. Ich möchte den kleinen Kerl nämlich lieber heil und gesund weiter an meiner Seite wissen.

Auf einer Weide steht eine Herde schottischer Hochlandrinder. Die stören uns nicht, und die ignoriert Kito auch komplett.

Herrenhaus des Ritterguts Evensen

Kurz nach 13 Uhr erreichen wir bei brütender Hitze von über 30 °C **Evensen.** Kito findet hier im Ort sogleich einen schönen, schattigen

Picknickplatz, den ich zu seiner Enttäuschung jedoch nicht annehme. Ich möchte nämlich zuerst zum nur rund 150 Meter entfernten **Rittergut Evensen**. Das ist auch problemlos zugänglich; nur treffen wir dort niemanden an. Auch das Café und die Ölmühle sind geschlossen. Dagegen ist das Wild im Dam- und Rehwildgehege nicht nur zahlreich anwesend, sondern auch neugierig an uns interessiert. Knapp ein Dutzend Tiere nähert sich ohne Angst vor Kito dicht dem Zaun. Und auch Kito reagiert seinerseits nur neugierig. Der Kerl ist wirklich maximal entspannt und gelassen!

Kurz vor dem Ortsausgang finden wir dann eine weitere schattige Bank, auf der wir dann unsere wohlverdiente Mittagsrast einlegen.

Wir durchwandern **Wulferade**, den nächsten Ort, und biegen dann am Ortsausgang auf den von Detlef Gehring empfohlenen Alternativweg ab, indem wir statt auf dem Geh-/Radweg oben an der Landstraße lieber den teils schön schattigen Weg unterhalb der Landstraße zwischen großen Bäumen und dem Klostermoor gehen.

1,1 Kilometer später, nun bereits innerhalb des Orts **Kloster Mariensee** erreichen wir die Höltystraße wieder. Beide Wegvarianten sind laut Google übrigens gleich lang. Geplant hatte ich unsere Ankunft hier um 15 Uhr. Tatsächlich ist es jedoch erst 14:20 Uhr. Das unerwartete Zeitpolster nutzen wir als Erstes für ein leckeres italienisches Eis bei „Vito's Eis". Als Zweites erkunden wir, von welcher Bushaltestelle wir anschließend den Heimweg antreten werden, und besichtigen erst danach ganz in Ruhe das **Kloster Mariensee** und die **Klosterkirche**. Beide sind offen zugänglich, und beide gefallen uns sehr. Nur ist wieder einmal nirgendwo ein Pilgerstempel zu finden. Als wir nebenan im Kindergarten fragen, werden wir ein Haus weiter zur Pfarrerin geschickt. Diese ist zu Hause, sehr nett und stempelt in ihrem Arbeitszimmer sehr bereitwillig unsere Pilgerpässe, während ihr großer, schmusiger Hund sofort weiß, in welcher Hosentasche ich Kitos Leckerlis untergebracht habe.

Nachdem wir uns noch im 450 Meter entfernten Dorfladen ausreichend mit frischem Proviant eingedeckt haben, gehen wir – für unsere Verhältnisse sehr frühzeitig – zur Bushaltestelle. Das war auch taktisch günstig, denn unser Bus ist ganze 12 Minuten zu früh!

Der Bus ist ziemlich voll, überwiegend mit Schulkindern. Mit ihm fahren wir fast sämtliche Straßenanteile unserer heutigen Etappe bis nach

Niedernstöcken und noch einen Ort weiter, nach Stöckendrebber, wieder zurück.

In Stöckendrebber ist dann im doppelten Sinne Endstation: erstens für unseren Bus, der nach einer Pause für den Fahrer dieselbe Route wieder zurückfährt, zweitens aber auch für uns, denn den von der Online-Fahrplanauskunft der Bahn angezeigten Anschlussbus zum Bahnhof Hodenhagen gibt es nicht. Aber wir haben auch nach Erreichen unseres Pilgerziels auch noch Pilgerglück, denn ein Vater, der seine drei Kinder von der Endhaltestelle des Busses abholt, nimmt uns mit und bringt uns per Auto zum Bahnhof Schwarmstedt.

Ab hier nehmen wir den Zug der RB 38 nach Buchholz, von dort den RE 4 nach Hamburg Hbf und anschließend die S 1 nach Hause. Gegen 20:30 Uhr sind wir wieder daheim und bei Christine.

Tagesdistanz: 20,4 km

Gesamtdistanz: ca. 340 km

Erkenntnisse des Tages: Wir sind nach elf wunderschönen Tagen hier auf dem Jacobusweg Lüneburger Heide am Kloster Mariensee angekommen. Beide haben wir unterwegs viel gelernt – ich mehr über die Landschaft und ihre Geschichte, Kito vor allem das freie Pilgern ohne Leine und vor allem ganz viel innere Stabilität und Gelassenheit. Jeder Weg hinterlässt in uns seine Spuren.

RÜCKBLICK

Alles in allem ist dieser Jacobusweg Lüneburger Heide super schön. Er war für Kito und mich ein außerordentlich spannendes und eindrucksvolles Erlebnis. An manchen Tageszielen – erst recht nach zwei Pilgertagen nacheinander – waren wir beide so übervoll an Eindrücken und Erlebnissen, dass uns die nachfolgenden Pausentage zu Hause und im Alltag richtig guttaten, um all diese Impressionen in Ruhe nachklingen zu lassen, zu verarbeiten und in meinem Falle auch schriftlich festzuhalten.

Ich kann mir sehr gut vorstellen, diesen Weg irgendwann noch ein weiteres Mal zu gehen. Vielleicht dann im Herbst oder Winter und vielleicht auch per PKW-Anreise und kombinierter Bahn-/PKW-Heimreise. Oder auch in Gegenrichtung, von Süden nach Norden. Schließlich ist dieser Weg in beiden Richtungen perfekt markiert. Vielleicht auch mit dem seit 2023 angebotenen Deutschlandticket, dem Nachfolger unseres 9-Euro-Tickets. Vielleicht auch in einem Stück.

Auf jeden Fall hatten wir dank des 9-Euro-Tickets im Sommer 2022 die Möglichkeit, den Jacobusweg Lüneburger Heide auf eine für uns ganz neue und unübliche Weise zu pilgern.

Dieser Modus mit einzelnen arbeitsfreien Tagen, quasi sommerlicher Altersteilzeit, war toll! Pilgern mit Kito ist eh toll, und dann abends wieder zu Hause bei Christine zu sein, war gleich mehrfach toll!

Zudem konnten Kito und ich unsere Pilgerplanung auch nach den Wetterprognosen ausrichten und an Tagen mit angesagtem Stark- oder Dauerregen ebenso aussetzen wie an Tagen mit mehr als 30, 35 oder einmalig sogar mehr als 40 °C. Damit vermieden wir unnötige Beeinträchtigungen oder Quälerei, vor allem für den wasserscheuen und wenig hitzeresistenten Vier-Pfoten-Pilger.

Andererseits zog sich unsere Pilgerreise dadurch sowie durch zwei Tage mit misslungener morgendlicher Anreise, die wir dann ebenfalls ausfallen ließen, ungeplant in die Länge und statt bis Mitte Juli halt bis Ende August 2022 hin.

Auch wenn ich meine Pilgerwege sonst gerne in einem Stück gehe, so hat Kito und mir diese Form des Pilgerns auf diesem Weg außerordentliche Freude bereitet.

PILGERFÜHRER & WEITERE INFORMATIONEN

Die zweifellos detailliertesten Pilgerführer zu einigen der norddeutschen Jakobswege stammen von Detlef Gehring, der – inzwischen deutlich über 80 Jahre alt – teilweise jüngere Co-Autoren als Nachfolger hinzugezogen hat.

Frank Farthmann / Detlef Gehring: Auf dem „Jacobusweg Lüneburger Heide", Auflage V 4.3 vom 12.07.2020, 154 Seiten, 7,00 €, zu beziehen über das Pilgerzentrum Sankt Jacobi Hamburg, www.pilgern-im-norden.de

Außerdem gibt es seit Oktober 2023 nun auch einen Outdoor-Pilgerführer aus dem Conrad-Stein-Verlag:

Wolfgang Barelds: Jacobusweg Lüneburger Heide, 1. Auflage 2023, 224 Seiten, Conrad-Stein-Verlag, 16,90 €

Beide Pilgerführer sind handlich und finden in der Hosenbeintasche Platz.

Weitere Informationen:

Jacobusweg: Pilgern und Wandern durch die Lüneburger Heide, https://www.lueneburger-heide.de/natur/tour/11234/jacobusweg-pilgern-lueneburger-heide.html

Broschüre dazu:
https://dam.destina-tion.one/1237082/068d44d4185dc7431f59e4eb855f91d25643f0fa5fd814e924 1c883bdc7cebd6/jacobusweg-brosch-re.pdf

Pilgerpass:
https://dam.destina-tion.one/1237081/e2fbbc648aa8794fe11baf3e8b2412b3a90a4bf636d2a98693 a42fdd5647a9dc/pilgerpass.pdf

Die Broschüre und die regionalen Pilgerpässe sind auch in den Tourismus-büros der meisten Heideorte als Print erhältlich oder auch hier bestellbar: Lüneburger Heide GmbH, Wallstr. 4, 21335 Lüneburg, Telefon 04131 / 309 39 60, info@lueneburger-heide.de

ÜBER DEN AUTOR

Christian Hottas, Jahrgang 1956, lebt seit 1979 in Hamburg, wo er seit 1993 als Facharzt für Allgemeinmedizin mit den Zusatzschwerpunkten Sportmedizin, Chirotherapie und reisemedizinische Beratung niedergelassen ist. Während seiner Sportmedizin-Weiterbildung lief er im April 1987 in Hamburg seinen ersten Marathon und im Juli 1987 in Karlsruhe seinen ersten Ultramarathon.

Im August 2005 absolvierte er seinen 1000. Lauf über mindestens Marathondistanz, im Mai 2013 seinen 2000. und im Juni 2021 dann seinen 3000. derartigen Lauf. Seit August 2011 führt er die *„World Megamarathon Rankings"* (Weltrangliste der Marathon-Vielfach-Finisher) mit inzwischen großem Vorsprung an.

Zum Pilgern kam er erst im Herbst 2018, als er mit seiner heutigen Lebensgefährtin Christine Schroeder seinen ersten Jakobsweg, den *Camino Inglés*, ging.

Zunächst pandemiebedingt, konzentrierte sich sein Pilgerinteresse seit 2020 auf deutsche Pilgerwege, wobei ihn insbesondere weniger bekannte Strecken faszinieren. Seit Sommer 2021 ist auch Familienhund Kito (Pinscher-Mix, Jahrgang 2019) mit Begeisterung dabei.

Seither hat es für Christian auch keinen Pilgertag ohne Kito gegeben. Kito ist Pilger durch und durch und Christians zuverlässiger Begleiter und Beschützer. So kompliziert Pilgern mit Hund anfangs schien, so sehr ist jetzt, da Kito und seine Menschen immer besser aufeinander eingespielt sind, Pilgern ohne Hund beinahe undenkbar.

Derzeit sind alle drei – Christian, Christine und Kito – als Jakobspilger von ihrem Zuhause in Hamburg nach Santiago de Compostela unterwegs. Bremen und Wildeshausen (Herbst 2021), Osnabrück, Münster, Herdecke (Frühjahr 2022), Köln und Trier (Herbst 2022) sowie Vézelay (Herbst 2023) haben sie bereits erreicht und damit etwa die erste Hälfte dieses Projekts gemeistert. 2024 werden alle drei auf der Via Lemovicensis und 2025 auf dem Camino Francés unterwegs sein.

Kito und Christian sind zudem noch zu zweit auf einer anderen Route von Hamburg nach Aachen unterwegs und haben dabei über Soltau, Mariensee, Loccum und Minden bis März 2023 Bielefeld erreicht. Von hier soll es 2024 weitergehen.

Auf der VIA ROMEA GERMANICA, einem Pilgerweg von Stade nach Rom, der dem Rückweg-Route einer Dienstreise des Stader Abtes Albert 1236/37 folgt, sind <u>beide</u> im Frühjahr und Sommer 2023 von Stade bis nach Nordhausen gegangen.

Kito während unserer ersten Rast am 17. Juni 2022

WEITERE ERLEBNISBERICHTE

Camino Inglés – Schnupper-Pilgern von Ferrol nach Santiago de Compostela (Band 1, gegangen 2018, erschienen Herbst 2023, ISBN: 9 783758 308581)

Hümmlinger Pilgerweg – Von Stein zu Stein Pilgern im Emsland (Band 2, gegangen 2020, noch in Vorbereitung)

Sigwardsweg – Pilgern von Minden nach Idensen und zurück (Band 3, gegangen 2020, noch in Vorbereitung)

Mittelalterlicher Pilgerweg von Berlin nach Wilsnack – Pilgern mit Hund in Brandenburg (Band 4, gegangen 2021, erschienen Herbst 2023, ISBN: 9 783758 308550)

Annenpfad – Kurz-Pilgern in der Prignitz (Band 5, gegangen 2021 & 2022, erschienen Herbst 2023, ISBN: 9 783757 882525)

Jacobusweg Lüneburger Heide von Hamburg & von Lüneburg nach Kloster Mariensee – Jakobspilgern mit Hund und 9-Euro-Ticket (Band 6, gegangen 2022, erschienen Herbst 2023, ISBN: 9 783755 739562)

Dithmarscher Jakobsweg – Pilgern mit Hund auf der Westküstenroute der Via Jutlandica (Band 7, gegangen 2022, erschienen Herbst 2023, ISBN: 9 783757 884147)

Jakobspilgern mit Hund von Hamburg nach Santiago de Compostela (I) – Teil 1: von Hamburg bis nach Trier auf der Via Baltica, dem Osnabrücker und dem Bergischen Jakobsweg sowie der Via Coloniensis (Band 8, gegangen 2021-2022, erscheint Ende 2023 oder Anfang 2024, ISBN: 9 783758 313219)

Pilgern mit Hund von Hamburg nach Aachen (Band 9, gegangen 2022-2024, noch in Vorbereitung)

Via Romea Germanica (I) – Rom-Pilgern mit Hund, Teil 1: von Stade nach Nordhausen (Band 10, gegangen 2023, erscheint Ende 2023 oder Anfang 2024, ISBN: 9 783758 312854)

Jakobspilgern mit Hund von Hamburg nach Santiago de Compostela (II) – Teil 2: von Trier nach Vézelay (Band 11, gegangen 2023, erscheint Ende 2023 oder Anfang 2024, ISBN: 9 783758 313264)

ENTSTEHUNGSGESCHICHTE DIESES BUCHES

Pilgerweg gegangen im Juni bis August 2022

Textkonzept und -Beginn im Juni 2022

Text fertiggestellt im September 2022

erstes Layout mit Fotos & Lektorat im September 2022

neues Layout gemäß der BoD-Buchblock-Anleitung und vollständige Überarbeitung November 2023

Schlussbearbeitung, Covergestaltung & Publikation Ende November / Anfang Dezember 2023

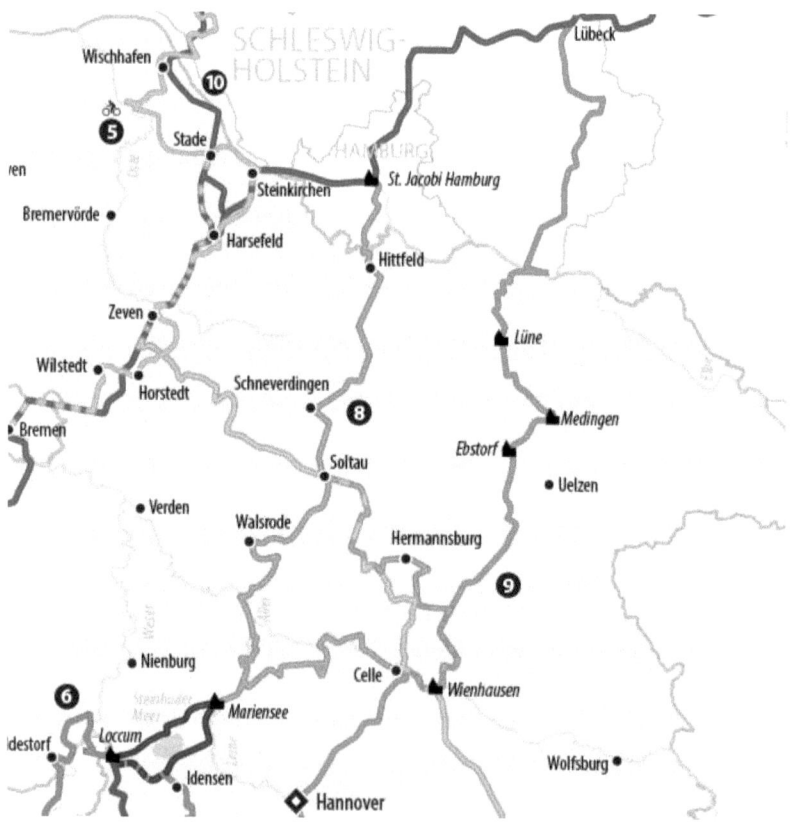

Der Hauptweg des Jacobuswegs Lüneburger Heide ist auf dieser Skizze der Ev. Landeskirche Niedersachsen Weg Nr. 8.

.